9~99歲都能輕鬆學習！

基礎英語
文法速成

人氣名師　王忠義　著

作者序

這是一本實心教學‧苦心研究‧用心歸納出的文法書

長年以來，我教國中英語一直有個習慣和脾氣，就是我教的英文，我一定要研究出一套很好的教法，一定要在教的時候可以講得「很順口」，學生可以聽得「很懂」、「很入心」、「神情很滿意」，我才安心、才有成就感。所以我經常花很多時間做分析和歸納，任何英文到我手中，我就會讓它變得很好懂、很好學、很好記。多年來，我因此累積了很多的「教學心得」。

所有上過我英文課的學生都知道，我上的每一課教材前面都會附加幾頁的「本課重點」，我稱它為「封面重點」，它就是我每一課的「教學心得」，字字句句都是多年心血的結晶，都和我親如家人。

國中英語課程，七年級共17課、八年級共18課、九年級共15課，總計50課。當我把這50課的「封面重點」、「教學心得」經過整理，就成了這本文法書的主要來源。所以這本文法書是一部「活教材」，是多年實心教學加上不斷研究、分析、歸納、驗證累積的心得。

近來，我常受邀到高中、受聘到英語補習班教授「文法課」，學生包括小學生、國中生、高中生、大專生、社會人士、家庭主婦。他們只聽我一堂文法課，臉上就泛起喜悅之色和興奮、滿足的神情，因為他們以前上文法常聽不懂、覺得很難，如今聽了我的課，才知道原來文法可以這麼好學。

不同年齡、不同學歷、不同身分的學生、社會人士，因為聽我的課「恢復」了對學習文法的信心，臉上展現出對我的敬意和感謝的神情令我非常感動，也燃起我出書、服務更多人群的念頭。

感謝瑞蘭出版社社長王愿琦、主編王彥萍及全體編輯惠允我在出版「KK音標・自然發音同步速成」、「基礎英語必修1200單字速成」及「國中英語單字八週完補計畫」之後繼續出版這本文法書。

能出版文法書的人，在我印象裡都是很厲害的英文老師、前輩，像柯旗化老師、李家同教授、賴世雄老師，這本文法書能出版，而且被譽為最好學的文法書，是我的光榮和幸事。感謝出版社，更感謝許許多多我親自教授的學生及家長，因為您們給我教學的機會，我才能研究出好的教學法，也才能出版這本書，幫助更多的學生、社會人士學好基礎文法，增添學習英文的信心。

「凡事基礎為要」，本書是屬於「基礎」文法書。如果好好研習本書，大部分的英語文法問題都能解決；把基礎文法弄清楚，才能進階研究「高級文法」。如果您在研習過程有任何疑問、建議，或有意邀我演講、授課，請來電0911-061610，我一定以熱忱的心情為您解答服務。

本書的出版是瑞蘭出版社全體編輯和同仁的功勞，其中我要特別感謝紀珊小姐，她是一位很有創意、很專業的英文編輯，本書的編輯她付出的辛勞最多、貢獻最大；我也非常感謝美術編輯余佳憶主任、封面插畫張君瑋小姐、內文排版陳如琪小姐，她們的專業及巧思，使本書豐富活潑、頁頁鮮明，跳脫一般傳統文法書的死板模樣，讓本書加分很多。

王忠義
2014年11月於台北市萬華

如何使用本書

本書共分為「名詞、數詞、冠詞」、「動詞」、「形容詞、副詞、介詞、連接詞」及「句子」四大篇，每篇各有許多小單元詳細介紹相關文法。

已有確切目標的學習者，可視自身需求研讀特定單元；入門學習者也可按照本書編排方式學習，按部就班、穩紮穩打，奠定最堅固的基礎英語文法能力！

對應國中課程範圍

書中各單元的文法分別屬於國中哪一年級的課程範圍，一律清楚標示於單元標題，讓國中生能更快速使用本書輔助學習國中英語文法！

文法解說

針對各項文法名稱及規則做詳細的解說，即使從未學過，也能馬上建立清楚的觀念！

第4單元　that子句、whether子句、if子句（九年級）

◇ 用連接詞「that」＋敘述句，連接詞「whether」或「if」＋敘述句，變成「that」、「whether」或「if」帶頭的子句，也具備名詞功能，文法上稱為名詞子句，可在大句子中當主詞、受詞或補語，是英文講「事」更詳盡的表達方式之一。習題解答（一）

◇ 換句話說，當我們在一個敘述句前面加上連接詞「that」、「whether」或「if」以後，馬上變成具有名詞功能的子句，可在任何大句子中擔任主詞、受詞或補語。所以，文法上把它稱為「名詞子句」，名詞子句代表的是「一件事」，和不定詞片語「to V」、動名詞片語「Ving」一樣。差別只在，用句型的名詞子句講「事」，有主詞、有動詞，當然比較詳盡、比較清楚。

◇ 「that＋敘述句」常簡稱為「that子句」，「whether＋敘述句」簡稱為「whether子句」，「if＋敘述句」常簡稱為「if子句」。敘述句指的是一般的肯定句、否定句，不包括疑問句、祈使句、感嘆句等。

◇ 文法上稱「that」、「whether」、「if」為從屬連接詞，that子句、whether子句、if子句在文法上稱為從屬子句。從屬子句分為名詞功能的名詞子句和副詞功能的副詞子句。that子句、whether子句和if子句因為具有名詞功能，文法上特稱之為名詞子句。

一、that子句　習題解答（二）

◇ 「The earth is round.（地球是圓的。）」是一個敘述句，我們只要加上連接詞「that」，變成that子句「that the earth is round」，就具有名

豐富實用例句

了解文法觀念後，直接透過例句學習如何實際應用該文法，更有許多延伸用法，活用英語就是這麼簡單！

二、疑問詞子句的優點　習題解答（二）

◇ 用句子型（有主詞、動詞）的疑問詞子句談「事」，當然比沒有主詞的疑問詞片語（譬如：Where to meet Tom）更詳盡、更有情境。

• Where I can buy a pet upsets me.
  哪裡我能買一個寵物苦惱著我。＝能在哪裡買一個寵物苦惱著我。

  (說明) 疑問詞子句「where I can buy a pet」在句中當主詞。疑問詞子句當主詞時也可以用虛主詞「it」，寫成「It upsets me where I can buy a pet.」。

• I don't know where I can buy a pet.
  我不知道哪裡我能買一個寵物。＝我不知道我能在哪裡買一個寵物。

  (說明) 疑問詞子句「where I can buy a pet」在句中當「know」的受詞。

• My problem is where I can buy a pet.
  我的難題是哪裡我能買一個寵物。＝我的難題是我能在哪裡買一個寵物。

  (說明) 疑問詞子句「where I can buy a pet」在be動詞後面當補語。

小叮嚀

好好學習如何用英語談「事」

◇ 不論任何語言，講話、寫句子最主要就是要談「人、物、事」。如果學了好久的英語，只知道談人、談物，就太沒成就了。截至目前，我們已經談了幾種用英語「談事」的方式，請善用之。看句子、聽句子時更能了解；講句子、寫句子時更能表達。

習題解答在這裡

清楚標示出每個練習題對應的文法觀念及例句，每位學習者都能輕鬆找到問題的答案！

貼心小叮嚀

不在國中範圍內卻很常用的相關文法、或是較深入的文法解說，一律補充在小叮嚀內，讓每位學習者都能學到更全面的文法觀念！

字對字中譯＋正式中譯

例句以灰字標示字對字中譯，
再以黑字列出正式中譯，循序
漸進掌握翻譯過程，透徹理解
每個字在句中扮演的角色！

（六）名詞後過去分詞（片語）強調區　習題解答（九）

◎ 過去分詞是動詞三態之一，也可以在名詞後面當強調區。以下例句
所使用的過去分詞中，「written」是「write（寫）」的過去分詞；
「built」是「build（建）」的過去分詞。過去分詞本身有「已……」
或「被……」的含意，因為過去分詞常用在「完成式」和「被動
式」。

・ The letter written in English is from Tom.

　　那　信　　被寫 用 英文　是　從　湯姆

　　　名詞　　　「過去分詞片語」當強調區
　　（先行詞）　　（形容名詞letter）

＝用英文寫的那封信是湯姆寄來的。

　說明　本句原始句是「The letter is from Tom.」，過去分詞片語「written in
　　English」當強調區，形容名詞「letter」。

・ 這是一間40年前建的房子。

　分析　「40年前建的」是在強調名詞「房子」，表示「40年前建」是強調區。
　　「40年前建」英文要說「40年前被建」，因為房子不會自己建，而是
　　要「被建」，所以可以用過去分詞（片語）。「40年前被建」英文是
　　「built forty years ago」，譯成英文時，要放在「房子」的後面。

原始句 This is a house.

　　　這　是一間 房子

⇒ 在名詞「house」後面加上過去分詞片語「built forty years ago（被建40年
　前）」當強調區。

・ This is a house built forty years ago.

　　這　是一間房子　被建　40　年　前

　　　　　名詞　　　「過去分詞片語」當強調區
　　　（先行詞）　　（形容名詞house）

＝這是一間40年前建的房子。

例句分析說明

——分析並說明每
個例句中所使用的
文法，完全拆解句
子架構，確保每位
學習者都能百分之
百吸收！

現學現考・常讀常考 ←

◈ 考前要先複習並在每頁左上角或右上角簽上日期記錄。

◈ 請以口測優先，多做口測，再筆測。測驗日期、測驗結果考官都要記錄。

◈ 不論口測、筆測、自測、師測或家長測，一定要測到熟透方可。

◈ 答案區在教材中，以 習題解答（一）、習題解答（二）⋯⋯等標示。

（一）第2單元中談到，「什麼片語」也是一種名詞？

（二）「to」這個字有哪二種身份？請舉例說明。

（三）英文文法有個規則，當一個動詞後面想接另一個動詞時，要怎麼辦？

（四）不定詞片語：

　1. 不定詞片語是什麼加什麼？英文用什麼代表？

　2. 不定詞片語具備名詞功能，所以可以當句子的什麼？

　3. 請用「打籃球」的不定詞片語說出下列句子的英文。

● **現學現考**

每單元後皆附有練習題，學習者不僅能自我檢測學習效果，更能再次加深學習印象！

使用本書要及時

◈ 強烈建議，九年級同學儘早讀完本書，讀完本書等於讀完了國中全部文法重點，就可以提前做會考考古題或模擬題。

◈ 強烈建議，英文基礎不好的同學，若要上高中或大學，請找時間研讀本書。

◈ 強烈建議，英文基礎不好的學生或社會人士，若要考公職英文，請找時間研讀本書。

◈ 國中學生可根據每一課的文法範圍，搭配本書來研讀該課文法，效果加倍好。

◈ 國小學生可預修本書，增強基礎實力，真正贏在起跑點。

◈ 社會人士若想把基礎文法讀好，請研讀本書。

目錄

Chapter 1

第一篇

名詞、冠詞、數詞

第1單元 名詞與代名詞（七、八、九年級）

一、名詞

◆ 世上我們談的、寫的「人、物、事」，包括抽象的「自由」，在文法上都泛稱為「名詞」。「名詞」的主要功能是在一句話中當主詞、受詞或補語，由說話者決定。習題解答（一）

◆ 學英語要先學名詞，也就是學習用英文談人、談物或談事。其中，用英語談人、談物很多人都會，但談「事」則大都不太熟悉，致英文水平受限，無法提升。

（一）談最常見的名詞－「人」

◆ 「人」既然是名詞，就可以在句中當主詞或受詞或補語。

- Tom is a cute boy.

  湯姆是一位可愛的男孩。

  說明　「Tom（湯姆）」是名詞，在這個句子中是當主詞，主詞就是說話者講的主角或主題。

- I love Tom.

  我愛湯姆。

  說明　「Tom」在這個句子中是當動詞「love」的受詞。

- He is Tom.

  他是湯姆。

  說明　「Tom」在這個句子中是當補語。補語就是補充的話語。若句子中有需要補充的話語，而沒有補上去，人家就聽不懂，句子也就不成立。

（二）談很常見的名詞－「物」

◆ 「物」既然是名詞，也可以在句中當主詞或受詞或補語。

- The puppy is cute.

  這小狗很可愛。

  (說明) 「puppy（小狗）」是名詞，在這個句子中是當主詞。

- I love the puppy.

  我愛這小狗。

  (說明) 「puppy」在這個句子中是當動詞「love（愛）」的受詞。

（三）插話談，英文文法上有種名稱叫做「主格、所有格、受格」

◆ 為什麼要插話談「主格、所有格、受格」呢？因為英文有個文法規定，及物動詞和介詞後面要接名詞（系列）當受詞，受詞若有受格就要用受格。所以我們要插話談「主格、所有格、受格」，並且學會它們。習題解答（三）

- I love him.

  我愛他。

- Look at him.

  看他。

  (說明) 上列例句中，「他」是當及物動詞「love」和介詞「at」的受詞。英文文法規定，受詞若有受格就要用受格。「他」有受格是「him」，所以要用受格「him」，不能用主格「he」。

◆ 「主格、所有格、受格」的記法就是快唸，唸法舉例：「I my、I me，我、我的、受格」。

◈「主格、所有格、受格」整理如下表。習題解答（二）

	主格		所有格		受格
1.	我	I	我的	my	me
2.	你	you	你的	your	you
3.	他	he	他的	his	him
4.	她	she	她的	her	her
5.	它 牠	it	它的 牠的	its	it
6.	我們	we	我們的	our	us
7.	你們	you	你們的	your	you
8.	他們 它們 牠們	they	他們的 它們的 牠們的	their	them
9.	誰	who	誰的	whose	whom
10.	湯姆	Tom	湯姆的	Tom's	Tom
11.	男孩們	boys	男孩們的	boys'	boys

注意：「Tom（湯姆）」的所有格「Tom's（湯姆的）」，是在「Tom」右上方加上「'」，再加s。但是，「boys（男孩們）」已有s尾，所以「男孩們的」只加「'」在右上方即可。

注意：「its」是「它的」或「牠的」；「it's」＝「it is」，是「它是」或「牠是」。

二、代名詞

◆ 英文有些字並不是實體名詞（譬如書本、桌子），但是它也算是名詞，也具備名詞的功能，可以擔任主詞或受詞或補語，文法上稱之為「代名詞」。最常見的代名詞有以下六種：人稱代名詞、所有格代名詞、反身代名詞、指示代名詞、不定代名詞、相互代名詞。

（一）人稱代名詞　習題解答（四）

◆ 包括主格「you（你）」、「I（我）」、「he（他）」，以及受格「you（你）」、「me（我）」、「him（他）」……等，都是人稱代名詞。其中主格是用在當主詞時，受格用在當受詞時。

（二）所有格代名詞

◆ 所有格代名詞包括「mine（我的東東）」、「yours（你的東東）」……等。

◆ 所有格代名詞整理如下表。　習題解答（五）

	所有格（……的）		所有格代名詞（……的東東）
1.	my 我的		mine 我的（東東）
2.	your 你的	（加s）	yours 你的（東東）
3.	his 他的	（已有s不必加）	his 他的（東東）
4.	her 她的	（加s）	hers 她的（東東）
5.	its 它的、牠的	（已有s不必加）	its 它的、牠的（東東）
6.	our 我們的	（加s）	ours 我們的（東東）
7.	your 你們的	（加s）	yours 你們的（東東）

8.	their（加s） 他們的、它們的、牠們的	theirs 他們的、它們的、牠們的 （東東）

◆ 所有格代名詞的最平常用途是，若有人問你身旁的書說：這是誰的書？你可以回答：「That is my book.（那是我的書。）」，也可以說：「That is <u>mine</u>.（那是我的〔東東〕。）」。

◆ 所有格代名詞也具備名詞功能，也可以當主詞或受詞或補語。

- **This is not my bike. <u>Mine</u> is new.**
  這不是我的腳踏車。我的（車）是新的。

  (說明) 上列例句中，所有格代名詞「mine」代表「my bike（我的腳踏車）」，在句中是當主詞。

（三）反身代名詞

◆ 反身代名詞包括「myself（我自己）」、「yourself（你自己）」……等等。

◆ 反身代名詞整理如下表。習題解答（六）

	所有格（……的）	反身代名詞（……自己）
1.	my 我的（加self [sɛlf]）	myself 我自己
2.	your 你的（加self）	yourself 你自己
3.	his 他的（受格him加self）	himself 他自己
4.	her 她的（加self）	herself 她自己
5.	its 它的、牠的（its已有s尾只加elf）	itself 它自己、牠自己
6.	our 我們的（加selves [sɛlvz]）	ourselves 我們自己

7.	your 你們的	（加selves）	yourselves 你們自己
8.	their 他們的、它們的、牠們的	（受格them加selves）	themselves 他們自己、它們自己、 牠們自己

◈ 反身代名詞也具備名詞功能，但大都擔任受詞。

- enjoy yourself

    享受　你自己　＝祝你玩的愉快。

    （說明）反身代名詞「yourself」是當動詞「enjoy」的受詞。

- help yourself

    幫忙　你自己　＝請自己取用。＝請慢用。

    （說明）「yourself」當動詞「help」的受詞。

- make yourself at home

    使　　你自己　在　家　＝請自便。＝請不用拘束。

    （說明）「yourself」當動詞「make」的受詞。

- by yourself

    靠　你自己　＝（你）獨自

    （說明）「yourself」當介詞「by」的受詞。

（四）指示代名詞　習題解答（七）

◈「this（這）」、「these（這些）」、「that（那）」、「those（那些）」，也具備名詞功能，可以擔任主詞或受詞或補語。

- This is a book.

    這是一本書。

    （說明）「This」在句中是當主詞。

- Fold it like <u>this</u>.

  摺　它　像　這　＝像這樣把它摺起來。

  (說明)　「this」在句中是當介詞「like（像）」的受詞。

- What I want is <u>this</u>.

  我想要的東東是　這　＝我想要的是這個。

  (說明)　「this」在句中是當補語。

※比較：

- <u>This</u> book is red.

  這書是紅色的。

  (說明)　上列比較例句中，「this」擔任形容詞，形容名詞「book（書）」。此時，文法上稱「this」為「指示形容詞」。所以指示代名詞也常兼具有形容詞功能，我們要會分別。

（五）不定代名詞

◈「one（一）」、「ones（複數）」、「each（每一）」、「every one（每一）」、「two（二）」、「both（兩者都）」、「either（兩者有一）」、「neither（兩者無一）」、「other（其他）」、「others（複數）」、「another（另外）」、「little（少量）」、「few（少數）」、「some（一些）」、「a little（一些）」、「a few（一些）」、「most（大部分）」、「much（很多）」、「many（很多）」、「all（全部）」、「none（無一物）」、「no one（無一人）」，以上不定代名詞也具備名詞功能，可以獨立擔任主詞或受詞或補語。（請注意，上列不定代名詞中，有很多也具備形容詞功能，請見第一篇第11單元。）習題解答（八）

◈ 不定代名詞的「不定」是指所代表的「人」或「物」的不定，所以任何句子若使用不定代名詞當主詞、受詞或補語時，常會附加其他的字詞來表示講的是什麼人或物，以便人家聽得懂。

- He has two watches. <u>One</u> is red and <u>the other</u> is black.

  他有二只手錶。一只是紅的而另一只是黑的。

  說明　上列例句中，前面的句子，先表示講的物是手錶，後面的句子才用不定代名詞「one」和「the other」當主詞。而「one」和「the other」代表的就是手錶。

- <u>One</u> of the boys is Tom. 習題解答（九）1

  一位 屬於這些男孩們的 是 湯姆 ＝這些男孩們之中的一位是湯姆。

  說明　上列例句中，利用介詞片語「of the boys」來表示講的人是男孩們，然後抬出不定代名詞「one」當主詞。這種以介詞「of」帶頭的介詞片語來說明人或物的句型，作者特別的詮釋法是，of後面的字群「the boys（這些男孩們）」是前面主詞「one」的來源者，也是掌控者，介詞片語「of the boys」則是掌控區。

- <u>Some</u> of the students are from Japan. 習題解答（九）2

  一些 屬於這些學生們的 是 從 日本 ＝這些學生們之中一些是從日本來的。

  說明　在上面例句中，「some（一些）」是不定代名詞，具有名詞功能，在本句中被抬出來擔任主詞。「the students」是「some」的來源者，也是掌控者，「of the students」是掌控區。

如何使用介詞「of」帶頭的介詞片語　習題解答（十）

◈ 在使用掌控區，也就是使用介詞「of」帶頭的介詞片語（of...）的句型時，有些地方要注意。

- One of the boys is Tom.

  一位 這些男孩之中 是 湯姆 ＝這些男孩們中的一位是湯姆。

  （說明）上列例句中，掌控者是「the boys」，是可數名詞的複數形。「one」是被抬出來當主詞，是第三人稱單數（三單），所以be動詞用「is」。切記，掌控者本來就應該是複數形，除非是不可數名詞才不得已，不能用複數形。

- Some of the students are from Japan.

  一些　這些學生之中　是　從　日本

  ＝這些學生們之中的一些是從日本來的。

  （說明）上列例句中，掌控者是「the students」，是可數名詞的複數形。「some（一些）」是被抬出來當主詞，是第三人稱複數（三複），be動詞用「are」。

- Some of the food is from Japan.

  一些 這些食物之中 是 從 日本

  ＝這些食物中的一些是從日本來的。

  （說明）上列例句中，掌控者是「the food」，是不可數名詞，不能有複數形，要當三單看待。所以，主詞「some（一些）」雖然是複數，卻要受掌控者「the food」的控制，也要看成三單，所以be動詞用「is」，不是用「are」。

◆ 另外特別注意，下列句型是不成立的、不對的。

- One of the boy is Tom. （×）

  (說明) 上列例句中，「boy」是可數名詞而且是掌控者，就應該是複數形「the boys」才可以。因為掌控者最大，本來就應該是複數形。除非掌控者是不可數名詞才不得已，不能用複數形。所以上列例句是不成立的。

- Two of the food is from Japan. （×）

  (說明) 上列例句中，掌控者「the food」是不可數名詞，它所抬出的主詞也就不能是可數名詞，所以例句中的「two（二）」不能在句中當主詞，上列例句是不成立的。

◆ 小結論：

1. 介詞「of」後面的掌控者一定要是複數形，除非是不可數名詞才不得已，不能用複數形。

2. 掌控者若是可數名詞，前面的主詞要搭配可數的不定代名詞。

3. 掌控者若是不可數名詞，前面的主詞要搭配不可數的不定代名詞。

4. 不論掌控者是可數名詞或不可數名詞，前面的主詞都可以用的不定代名詞，只有「some（一些）」、「most（大部分）」、「all（全部）」。

（六）相互代名詞

◈ 「each other（彼此、互相，用於二者）」及「one another（彼此、互相，用於三者或三者以上）」也具備名詞功能，但大都擔任受詞。習題解答（十一）

- We love each other.

  我們 愛　　彼此　　＝我們彼此相愛。

- Don't talk to one another.

  　別　談話對　　彼此　　＝不要彼此談話。

  （說明）上列例句中，「each other」是擔任「love（愛）」的受詞，「one another」是擔任介詞「to」的受詞。

現學現考‧常讀常考

◈ 考前要先複習並在每頁左上角或右上角簽上日期記錄。

◈ 請以口測優先，多做口測，再筆測。測驗日期、測驗結果考官都要記錄。

◈ 不論口測、筆測、自測、師測或家長測，一定要測到熟透方可。

◈ 答案區在教材中，以習題解答（一）、習題解答（二）……等標示。

（一）世上的什麼在文法上都泛稱為「名詞」？「名詞」在句子中可當哪三種角色？

（二）請回答下列主格、所有格、受格的英文。

1. 我、我的、受格	2. 你、你的、受格
3. 他、他的、受格	4. 她、她的、受格
5. 它（牠）、它的（牠的）、受格	6. 我們、我們的、受格
7. 你們、你們的、受格	8. 他們、他們的、受格
9. 誰、誰的、受格	10. 湯姆、湯姆的、受格
11. 男孩們、男孩們的、受格	

（三）受詞：

1. 英文有個文法規定，有哪二種詞類後面一定要接什麼當受詞？受詞若有什麼要用什麼？

2. 請講出下列句子的英文。

(1) 我愛他。	(2) 看他。

（四）請舉例說明什麼是人稱代名詞。

（五）請講出下列所有格代名詞的英文。

1. 我的東東	2. 你的東東	3. 他的東東
4. 她的東東	5. 它（牠）的東東	6. 我們的東東
7. 你們的東東	8. 他們的東東	

（六）請講出下列反身代名詞及例句的英文。

1. 我自己	2. 你自己	3. 他自己	4. 她自己
5. 它（牠）自己	6. 我們自己	7. 你們自己	8. 他們自己
9. 祝你玩的愉快。		10. 請自己取用、請慢用。	
11. 請自便、請不用拘束。		12.（你）獨自	

（七）指示代名詞也具名詞功能，可擔任主詞、受詞、補語，請說出指示代名詞有哪些？

（八）不定代名詞也有名詞功能，請說出不定詞代名詞有哪些？

（九）請將下列英文句子翻成中文，並說明每一句英文中，什麼是來源者、掌控者？什麼是掌控區？什麼是被抬出來的主詞？

1. One of the boys is Tom.	2. Some of the students are from Japan.

（十）在使用掌控區，也就是使用介詞「of」所帶的介詞片語句型中，有哪些地方要注意？請以教材中的五個例句來做說明。

（十一）相互代名詞：

　　1. 相互代名詞有哪二個？

　　2. 請將下列句子翻成英文。

(1) 我們彼此相愛。	(2) 不要彼此談話。

第2單元 不定詞片語（八年級）

◈ 用不定詞「to」＋動詞原形V，變成「to V」，文法上稱為不定詞片語，也具備名詞的功能，可當主詞、受詞或補語，是英文講「事」的表達方式之一。習題解答（一）

一、「to」

◈ 先談「to」這個字，「to」有「介詞」及「不定詞」二種身份。習題解答（二）

（一）「to」接名詞當受詞時，「to」是「介詞」，可姑且譯成「對」

* Listen! 聽！
* Listen to me! 聽我（說）！

（二）「to」接動詞原形時，「to」是「不定詞」，可姑且譯成「去」或「為了」

* I want to play basketball.

  我想要去打籃球。

  （說明）「to play basketball」中，「to」是不定詞，「play」是動詞原形，「to play basketball」稱為「不定詞片語」，英文以「to V」代表。

二、不定詞片語「to V」的規則

◆ 英文文法有個規則是，當一個動詞後面想接另一個動詞時，要先加不定詞「to」再接動詞原形。這個做法可以使講話者表達出更多的動作、更多的意思。習題解答（三）

- I am afraid. 我很害怕。

  ⇒ I am afraid to swim. 我很害怕（去）游泳。

◆ 不定詞「to」後面接的動詞必須是原形動詞，若接的是be動詞「am」、「are」、「is」，則需改為原形「be」這個字。（口訣：「am」、「are」、「is」原形「be」）

- I am a teacher. 我是一位老師。

  ⇒ I want to be a teacher. 我想要是一老師。＝我想要當一位老師。

- I am rich. 我是富有的。＝我很富有。

  ⇒ I want to be rich. 我想要是富有的。＝我想要富有。

  說明　由以上例句，我們可以了解不定詞「to」後面會有原形動詞「be」的原因。本來句子就有be動詞（「am」、「are」、「is」），因為加上了不定詞「to」，be動詞（「am」、「are」、「is」）才改成原形動詞「be」。不定詞「to」後面接原形動詞「be」的時候，「to」不要翻譯為佳。

三、不定詞片語「to V」的偉大用途

◈ 不定詞「to」加上原形動詞，文法上稱為「不定詞片語」。英文以「to V」代表。習題解答（四）1

◈ 當我們在任何原形動詞的前面加上不定詞「to」，形成的不定詞片語「to V」，是具備有名詞功能的。而因為具備了名詞功能，所以就可以當句子的主詞或受詞或補語，用來代表「一件事」。換句話說，當我們想用英文說「事」的時候，我們可以用不定詞片語「to V」來表示。這是不定詞片語「to V」的偉大用途，要善用。習題解答（四）2

（一）一般動詞的不定詞片語　習題解答（四）3

◈ 不定詞片語「to V」當主詞是代表一件事，是三單（第三人稱單數），所以動詞要用單數用的動詞。以be動詞而言，單數用的是「is」。

- 打籃球是好的。

    （說明）我們要講的主詞是「打籃球」，也就是「play basketball」，我們只要在「play basketball（打籃球）」前面加上不定詞「to」，變成不定詞片語「to play basketball」，它就可以當主詞。所以，本句的英文是：To play basketball is good.（打籃球〔這件事〕是好的。）

- 我的最愛是打籃球。

    （說明）這個句子中，「打籃球（to play basketball）」是在be動詞「is」後面當補語。所以，本句的英文是：My favorite is to play basketball.（我的最愛是打籃球。）

- 我討厭打籃球。

    （說明）這個句子中，「打籃球（to play basketball）」是當動詞「討厭」的受詞。所以，本句的英文是：I hate to play basketball.（我討厭打籃球。）

（二）be動詞的不定詞片語　習題解答（四）4

- 生病是很可怖的。

  （說明）這個句子的主詞是「生病」，「生病」用不定詞片語的講法是「to be sick」，除了要有不定詞「to」之外，還要有「be」這個字。因為「I am sick.（我生病。）」、「You are sick.（你生病。）」本來就有be動詞「am」和「are」。當be動詞（「am」、「are」）前面加上不定詞「to」時，就要變原形動詞「be」。所以，本句的英文是：To be sick is terrible.（生病是可怖的。）

- 我討厭生病。

  （說明）這個句子中，「生病（to be sick）」則是當動詞「hate（討厭）」的受詞。所以，本句的英文是：I hate to be sick.（我討厭生病。）

四、虛主詞　習題解答（四）5

◇ 不定詞片語當「主詞」放在句首，有時候字太多、太長，所以英文習慣上，用「it」當虛主詞放句首，真主詞的不定詞片語則移到後面。但是要注意，翻譯成中文時，仍是要先翻譯不定詞片語，因為它才是真主詞。至於虛主詞「it」則都不翻譯。

- To play basketball is good. 打籃球是好的。

  ⇒ It is good to play basketball. 打籃球是好的。

  ⇒ It is good for you to play basketball.

  　　它是 好的　　對你　　　　打籃球　　　＝打籃球對你是好的。

  （說明）例句中，「it」是當虛主詞，真主詞的不定詞片語「to play basketball」則移到後面。另外，句中也可以加上介詞片語，本句以「for you（對你）」為例，意思可以有更多展現。

- To be sick is terrible. 生病是可怖的。

  ⇒ It is terrible to be sick. 生病是可怖的。

  ⇒ It is terrible for me to be sick.

  　　它是 可怖的　　對我　　生病　　　＝生病對我是可怖的。

  （說明）例句中，「it」是當虛主詞，真主詞的不定詞片語「to be sick」則移到後面。另外，句中也可以加上介詞片語，本句以「for me（對我）」為例。

讚美或批評的句型　習題解答（五）

◇ 有一種讚美人家「很好、很親切」，或說人家「不對、愚蠢」的句型，和我們學的「It is good for you to play basketball.（打籃球對你很好。）」句型很像，但意思很不同，要注意。

- It is nice <u>of you</u> to lend me the book.
  = You are nice to lend me the book.
  你真好，借我這本書。

  （說明）這種句型除了「of you」和「for you」不同外，其他都很像。

  （說明）會用這種句型的形容詞有「nice（好的）」、「kind（親切的）」、「sweet（親切的）」、「wrong（不對的）」、「stupid（愚蠢的）」。

  （說明）這種句型講的是「你真好，如何如何」、「你真親切，如何如何」、「你如何如何是不對的」或「他真好，如何如何」等類似的口氣。

五、不定詞片語「to V」的小細節　

◈ 在不定詞「to」前面加上「not」就可以變成否定。

- Tell him to come. 告訴他要來。

  ⇒ Tell him <u>not</u> to come. 告訴他不要來。

  (說明) 如果要說「告訴他不要來」，只要在不定詞「to」的前面加上「not」就可以。（不是加上「don't」）

◈ 不定詞片語可以在名詞（人、物）後當強調區，強調、描述該名詞。

- Please give me <u>something</u> <u>to eat</u>.

  　請　　給　我　　某物　　去吃　＝請給我吃的東西。

  (說明) 上列例句中，不定詞片語「to eat」是在名詞「something（某事、某物）」後面當強調區，形容名詞「something」，「something to eat」譯成「吃的東西」。（名詞後強調區請見本篇第7單元）

◈ 當句中有副詞「too（太）」，此時的不定詞「to」要譯成「不能」。

- I am <u>too</u> old <u>to</u> work.

  我 是　太　老的不能 工作　＝我太老不能工作。

現學現考・常讀常考

◈ 考前要先複習並在每頁左上角或右上角簽上日期記錄。

◈ 請以口測優先，多做口測，再筆測。測驗日期、測驗結果考官都要記錄。

◈ 不論口測、筆測、自測、師測或家長測，一定要測到熟透方可。

◈ 答案區在教材中，以習題解答（一）、習題解答（二）……等標示。

（一）第2單元中談到，「什麼片語」也是一種名詞？

（二）「to」這個字有哪二種身份？請舉例說明。

（三）英文文法有個規則，當一個動詞後面想接另一個動詞時，要怎麼辦？

（四）不定詞片語：

　1. 不定詞片語是什麼加什麼？英文用什麼代表？

　2. 不定詞片語具備名詞功能，所以可以當句子的什麼？

　3. 請用「打籃球」的不定詞片語說出下列句子的英文。

(1) 打籃球是好的。	(2) 我的最愛是打籃球。
(3) 我討厭打籃球。	

　4. 請問「生病」如何用不定詞片語講出來？並請講出下列句子的英文。

(1) 生病是很可怕的。	(2) 我討厭生病。

　5. 請用不定詞片語當主詞及用「it」當虛主詞兩種方式講出下列句子的英文。

(1) 打籃球是好的。	(2) 打籃球對你是好的。
(3) 生病是可怖的。	(4) 生病對我是可怖的。

（五）有一種讚美或批評的句型也用「it」當虛主詞，請以這種方式講出「你真好，借我這本書」的英文。

（六）請講出下列句子的英文。

1. 告訴他不要來。	2. 請給我吃的東西。
3. 我太老不能工作。	

第3單元 動名詞、動名詞片語（八年級）

◈ 用動詞V＋ing，變成動名詞或動名詞片語「Ving」，也具備名詞的功能，可當主詞、受詞或補語，是英文講「事」的表達方式之一。習題解答（一）

一、動詞＋ing　　習題解答（二）1.2

◈ 動詞＋ing有兩種稱呼，一叫現在分詞、二叫動名詞。動名詞就是名詞，只是有動作味道的名詞，既然是名詞，就可以當主詞、受詞或補語。另外，動名詞或動名詞片語代表的是「一件事」，是三單（第三人稱單數），所以動詞用三單的動詞。

◈ 現在分詞和動名詞都寫成「Ving」，本單元談的是「動名詞」。

◈ 動詞＋ing的方法：

1. 一般的動詞，直接＋ing，譬如：吃eat ⇒ eating。
2. 字尾是「子音＋母音＋子音」的，要重複最後一個子音再＋ing，譬如：跑run ⇒ running。
3. 字尾是「子音＋母音＋子音＋e」的，要「去e再＋ing」，譬如：製作make ⇒ making。
4. 字尾是e且不發音的，要「去e再＋ing」，譬如：跳舞dance ⇒ dancing。
5. 字尾是ie的，要「將ie改成y再＋ing」，譬如：死die ⇒ dying（垂死的）。

二、「Ving」的名詞功能　習題解答（二）3

◆ 動詞（或動詞片語）一旦加上ing變成動名詞或動名詞片語，就具有名詞功能，就可以當主詞、受詞或補語，和不定詞片語「to V」一樣。

（一）一般動詞的動名詞或動名詞片語　習題解答（二）4

- 打籃球是好的。

  = Playing basketball is good.

  = To play basketball is good.

  說明　「playing」是動名詞，「playing basketball」叫做「動名詞片語」，具有名詞功能，在本句中當主詞，是一件事，是三單，所以be動詞用「is」。

- 我的最愛是打籃球。

  My favorite is playing basketball.

  = My favorite is to play basketball.

  說明　動名詞片語「playing basketball」在be動詞「is」後面當補語。

- 我討厭打籃球。

  I hate playing basketball.

  = I hate to play basketball.

  說明　動名詞片語「playing basketball」是當「hate（討厭）」的受詞。

◆ 動名詞片語當主詞時很少用虛主詞「it」，以下例句用虛主詞「it」是特殊情形。

- It is no use asking her for help.

  向她求救是沒有用的。

（二）be動詞的動名詞或動名詞片語 習題解答（二）5.6

- 當演員是我的夢想。

  Being an actor is my dream.

  （說明）動名詞片語「being an actor」具有名詞功能，在本句中是當主詞，是一件事，是三單，be動詞用「is」。

- 我喜愛當演員。

  I like being an actor.

  （說明）動名詞片語「being an actor」是當動詞「like（喜歡）」的受詞。

- 我的最愛是當演員。

  My favorite is being an actor.

  （說明）動名詞片語「being an actor」是在be動詞後面當補語。

  （分析）動名詞片語「being an actor（當演員）」的來源是「I am an actor.（我是一個演員）」。將「I（我）」去掉，把「am」變原形「be」、再加ing變動名詞「being」，最後再變成動名詞片語「being an actor」，就可以當主詞、受詞或補語。

現學現考・常讀常考

◆ 考前要先複習並在每頁左上角或右上角簽上日期記錄。

◆ 請以口測優先，多做口測，再筆測。測驗日期、測驗結果考官都要記錄。

◆ 不論口測、筆測、自測、師測或家長測，一定要測到熟透方可。

◆ 答案區在教材中，以習題解答（一）、習題解答（二）……等標示。

（一）第3單元中談到，「什麼片語」也是一種名詞？

（二）動詞＋ing：

1. 動詞＋ing有哪二種稱呼？英文都用什麼做代表？本單元談的是哪一種？

2. 動詞＋ing的方法有哪些？

3. 動詞或動詞片語加上ing就變成動名詞或動名詞片語，就具有名詞功能，就可以當什麼？

4. 請用「打籃球」的動名詞片語說出下列句子的英文。

   (1) 打籃球是好的。　　　　　(2) 我的最愛是打籃球。

   (3) 我討厭打籃球。

5. 請問「當演員」的動名詞片語怎麼寫，來源是什麼？

6. 請講出下列句子的英文。

   (1) 當演員是我的夢想。　　　(2) 我喜愛當演員。

   (3) 我的最愛是當演員。

第4單元 that子句、whether子句、if子句（九年級）

◈ 用連接詞「that」＋敘述句，連接詞「whether」或「if」＋敘述句，變成「that」、「whether」或「if」帶頭的子句，也具備名詞功能，文法上稱為名詞子句，可在大句子中當主詞、受詞或補語，是英文講「事」更詳盡的表達方式之一。習題解答（一）

◈ 換句話說，當我們在一個敘述句前面加上連接詞「that」、「whether」或「if」以後，馬上就變成具有名詞功能的子句，可在任何大句子中擔任主詞、受詞或補語。所以，文法上把它稱為「名詞子句」，名詞子句代表的是「一件事」，和不定詞片語「to V」、動名詞片語「Ving」一樣。差別只在，用句子型的名詞子句講「事」，有主詞、有動詞，當然比較詳盡、比較清楚。

◈ 「that＋敘述句」常簡稱為「that子句」，「whether＋敘述句」簡稱為「whether子句」，「if＋敘述句」常簡稱為「if子句」。敘述句指的是一般的肯定句、否定句，不包括疑問句、祈使句、感嘆句等。

◈ 文法上稱「that」、「whether」、「if」為從屬連接詞，that子句、whether子句、if子句在文法上稱為從屬子句。從屬子句分為名詞功能的名詞子句和副詞功能的副詞子句。that子句、whether子句和if子句因為具有名詞功能，文法上特稱之為名詞子句。

一、that子句　習題解答（二）

◈ 「The earth is round.（地球是圓的。）」是一個敘述句，我們只要加上連接詞「that」，變成that子句「that the earth is round」，就具有名

詞功能，就可以在任何大句子中擔任主詞、受詞或補語。

- That the earth is round is true.

  地球是圓的（這件事）是真的。

  （說明）that子句「that the earth is round」在句中當主詞。

- I believe that the earth is round.

  我相信地球是圓的（這件事）。

  （說明）that子句「that the earth is round」當動詞「believe」的受詞。

- The fact is that the earth is round.

  這事實是地球是圓的。

  （說明）that子句「that the earth is round」在be動詞後當補語（名當補）。

◆ 名詞子句當主詞時，和不定詞片語當主詞一樣，可以用「it」當虛主詞，將名詞子句移到後面。所以上列「That the earth is round is true.」可寫成「It is true that the earth is round.」。

◆ 注意：及物動詞和介詞片語後面可接名詞系列（名詞、代名詞或具有名詞功能的片語、子句等）當受詞，但文法特別規定，介詞後面不能接「that子句」當受詞。

二、whether子句　習題解答（三）

◆ 從屬連接詞「whether（是否）」＋敘述句，也可以馬上變成具有名詞功能的子句，簡稱whether子句，可在任何大句子中擔任主詞或受詞或補語。所以文法上也特稱之為「名詞子句」，代表的是「一件事」。

- Whether Tom will be a singer is important for her.

  是否　湯姆 將成為一位歌手 是　重要的　對 她

  ＝湯姆是否將成為一位歌手對她是很重要的。

說明 名詞子句「whether Tom will be a singer」在句中當主詞。本句也可以用「it」當虛主詞，寫成「It is important for her whether Tom will be a singer.」。

- I don't know whether he will come or not.
  我　　知道　是否　他　將　來　或 不

= I don't know if he will come or not.
我不知道他是否會來。

說明 名詞子句「whether he will come or not」在句中當動詞「know」的受詞。

小叮嚀

連接詞「if」和「whether」

◆ 從屬連接詞「if（假如；是否）」譯成「是否」時，所帶的子句也是名詞子句，和連接詞「whether」帶的名詞子句意思相同，只是「if」帶的名詞子句很少當主詞。上列例句中，「if」所帶的名詞子句就是當動詞「know」的受詞。

◆ 連接詞「if」譯成「假如」時，所帶的子句是副詞子句，請見本書第三篇「形容詞、副詞、介詞、連接詞」。

◆ 連接詞「whether」若帶的是副詞子句，則「whether」譯成「不論」，後面必須搭配連接詞「or（或）」。譬如：Whether you help me or not, I'll do it.（不論你幫我或不，我都將做它。）

三、省略從屬連接詞「that」的情形　

- I know that you are a good student.

  我知道你是一位好的學生。

  = I know you are a good student. （省略that）

  （說明） 說法之一是：「that」本身沒意思，所以可以省略。說法之二是：當主要子句動詞是「believe（相信）」、「think（想，認為）」、「dream（夢想）」、「feel（感覺）」、「hear（聽）」……等感動動詞的時候，「that」常省略。

- I am glad that I got a new bike.

  我很高興我得到一部新的腳踏車。

  = I am glad I got a new bike. （省略that）

  （說明） 說法之一是：「that」本身沒意思，所以可以省略。說法之二是：當主要子句有表達情緒的形容詞：「happy（快樂的）」、「glad（高興的）」、「surprised（感覺驚訝的）」、「worried（感到擔心的）」、「afraid（害怕的）」、「angry（生氣的）」、「sad（傷心的）」、「sorry（抱歉的）」……等字詞的時候，「that」常省略。

現學現考・常讀常考

◆ 考前要先複習並在每頁左上角或右上角簽上日期記錄。

◆ 請以口測優先，多做口測，再筆測。測驗日期、測驗結果考官都要記錄。

◆ 不論口測、筆測、自測、師測或家長測，一定要測到熟透方可。

◆ 答案區在教材中，以 習題解答（一） 、 習題解答（二） ……等標示。

（一）第4單元中談到，「什麼加什麼」也可當名詞？

（二）that子句：

  1. 請將敘述句「The earth is round.（地球是圓的。）」變成名詞功能。

  2. 請講出下列句子的英文。

> (1) 地球是圓的（這件事）是真的。

> (2) 我相信地球是圓的（這件事）。

> (3) 這事實是地球是圓的。

  3. 請將第2題第(1)句「地球是圓的（這件事）是真的」改用「it」當虛主詞，再講一次。

（三）請講出下列句子的英文。

1. 湯姆是否將成為一位歌手（這件事）對她是很重要的。

2. 我不知道他是否會來。

（四）請大概敘述一下，連接詞「that」在什麼情形會被省略？

◇ 用疑問詞＋不定詞片語「to V」，變成疑問詞片語，也具備名詞功能，可當主詞、受詞或補語，是英文用疑問口氣講「事」的表達方式之一。習題解答（一）

一、疑問詞片語的定義　習題解答（二）

◇ 疑問詞加上不定詞片語「to V」變成疑問詞片語，也是一種名詞，能當主詞、受詞或補語。這種疑問詞片語因為也具備名詞功能，所以和動名詞片語、不定詞片語一樣，文法上特別又稱之為「名詞片語」。

- Where to meet him upsets her.
  哪裡去遇見他使她煩惱。＝應該去哪裡見他使她煩惱。

  (說明) 疑問詞片語「where to meet him」在句中當主詞。

- I don't know what to do.
  我不知道要做什麼。

  (說明) 疑問詞片語「what to do」在句中當動詞「know」的受詞。

- My problem is where to meet Tom.
  我的難題是哪裡去見湯姆。＝我的難題是應該去哪裡見湯姆。

  (說明) 疑問詞片語「where to meet Tom」在句中當補語。

二、注意疑問詞片語的否定講法　習題解答（三）

- Mom told me what not to do in the living room.
  媽媽告訴我在客廳別做什麼事。

現學現考・常讀常考

◆ 考前要先複習並在每頁左上角或右上角簽上日期記錄。

◆ 請以口測優先，多做口測，再筆測。測驗日期、測驗結果考官都要記錄。

◆ 不論口測、筆測、自測、師測或家長測，一定要測到熟透方可。

◆ 答案區在教材中，以習題解答（一）、習題解答（二）……等標示。

（一）疑問詞片語：

　　1. 第5單元中談到，「什麼片語」也是一種名詞？

　　2. 這種片語是什麼加上什麼變成的？它也具備名詞功能，所以和動名詞片語、不定詞片語一樣，文法上特別又稱之為什麼片語？

（二）請講出下列句子的英文。

1. 應該去哪裡見他使她煩惱。

2. 我不知道要做什麼。

3. 我的難題是應該去哪裡見湯姆。

（三）請講出「媽媽告訴我在客廳別做什麼事。」的英文。

一、如何製作具有名詞功能的疑問詞子句

◆ 將疑問詞帶頭的疑問句「還原」後，變成疑問詞子句，就立即具備名詞功能，可在大句子中當主詞、受詞或補語，是用疑問口氣講「事」更詳盡的表達方式之一。

- Where can I buy a pet? 習題解答（一）

  哪裡我能買一個寵物？＝我能在哪裡買一個寵物？

  （說明）本句是有疑問詞「what」的獨立疑問句，所以有問號「？」，其中助動詞「can（能）」是因為疑問句才放到主詞「I」的前面。如果我們把因為疑問句而做的改變恢復原狀，也就是把「can」放回「I」的後面，變成「where I can buy a pet」，此時的疑問句就立刻具備名詞功能，可以當主詞、受詞或補語，用來談「事」。此時的疑問句已經不是獨立的疑問句，它變成子句，在一個大句子中當主詞、受詞或補語，是大句子中的一部份，是句中句，所以稱為「疑問詞子句」；此時的疑問句也不再是直接的、獨立的疑問句，而是句中的疑問句，所以稱為「間接問句」；又，此時的疑問句已具備名詞功能，所以也稱為「名詞子句」。這些只是名稱不同，知道就好。

二、疑問詞子句的優點　習題解答（二）

◈ 用句子型（有主詞、動詞）的疑問詞子句談「事」，當然比沒有主詞的疑問詞片語（譬如：Where to meet Tom）更詳盡、更有情境。

- Where I can buy a pet upsets me.

  哪裡我能買一個寵物苦惱著我。＝能在哪裡買一個寵物苦惱著我。

  (說明) 疑問詞子句「where I can buy a pet」在句中當主詞。疑問詞子句當主詞時也可以用虛主詞「it」，寫成「It upsets me where I can buy a pet.」。

- I don't know where I can buy a pet.

  我不知道哪裡我能買一個寵物。＝我不知道我能在哪裡買一個寵物。

  (說明) 疑問詞子句「where I can buy a pet」在句中當「know」的受詞。

- My problem is where I can buy a pet.

  我的難題是哪裡我能買一個寵物。＝我的難題是我能在哪裡買一個寵物。

  (說明) 疑問詞子句「where I can buy a pet」在be動詞後面當補語。

小叮嚀

好好學習如何用英語談「事」

◈ 不論任何語言，講話、寫句子最主要就是要談「人、物、事」。如果學了好久的英語，只知道談人、談物，就太沒成就了。截至目前，我們已經談了幾種用英語「談事」的方式，請善用之。看句子、聽句子時更能了解；講句子、寫子句時更能表達。

現學現考．常讀常考

◆ 考前要先複習並在每頁左上角或右上角簽上日期記錄。

◆ 請以口測優先，多做口測，再筆測。測驗日期、測驗結果考官都要記錄。

◆ 不論口測、筆測、自測、師測或家長測，一定要測到熟透方可。

◆ 答案區在教材中，以 習題解答（一）、習題解答（二）……等標示。

（一）第6單元談到，將疑問詞帶頭的疑問句還原後就具有名詞功能，請將疑問句「Where can I buy a pet?（哪裡我能買一個寵物？）」變成具有名詞功能的形式。

（二）請講出下列句子的英文。

1. 哪裡我能買一個寵物苦惱著我。

2. 我不知道我能在哪裡買一個寵物。

3. 我的難題是我能在哪裡買一個寵物。

第7單元 名詞後強調區（七、八、九年級）

◆ 「名詞後強調區」是放在名詞後面的形容詞，是本書作者首創的文法名詞。名詞後強調區九年級才教，但在七年級就常出現，所以本書特別提前在第一篇做解說，讓大家都能搶先學！

◆ 當我們講英文的時候，若想加強描述名詞，就要加上形容詞。一般形容詞都是放在名詞前面，所用的形容詞都是單字型，而且字數也不能太多。此時，英文就有了一種形容詞，它是放在名詞後面，由後往前形容名詞。因為放在名詞後面，形容詞的字就可以變多，有的是字，有的是字群，有的是介詞片語，有的是句子型的子句。這些在名詞後面的形容詞，本書作者特別給它取個名稱叫做「名詞後強調區」。再強調一次，「名詞後強調區」就是一種形容詞，只是放在名詞後面的形容詞。習題解答（一）

◆ 當名詞後有強調區的時候，此時的「名詞」因為走在強調區前面，文法上特稱之為「名詞先行詞」。習題解答（二）

◆ 這些被強調的「名詞」大多是人或物，或可以代表人、物的代名詞，如「he」、「those」等。

一、名詞後強調區的類型

◆ 名詞後強調區最常見的有以下七種類型：介詞片語強調區（簡稱「介片強調區」）、不定詞片語強調區、形容詞強調區、副詞強調區、現在分詞（片語）強調區、過去分詞（片語）強調區、子句強調區（傳

統文法稱為「形容詞子句」）。事實上，所有強調區都可以說是從子句強調區簡化而成的。 習題解答（三）

（一）名詞後介詞片語強調區　 習題解答（四）

- The boy in the classroom is Tom.

  那 男孩 在 那　教室內　是 湯姆 ＝在教室的男孩是湯姆。

  名詞　　「介片」當強調區
  （先行詞）（形容名詞boy）

  （說明）本句原始句是「The boy is Tom.」，名詞有「boy（男孩）」、和「Tom（湯姆）」。本句是選擇在名詞「boy（男孩）」後面，加上介詞「in」帶領的介詞片語（介片）「in the classroom（在那教室內）」當強調區，用來形容名詞「boy（男孩）」。全句意思就變成「在（那）教室內的那男孩是湯姆」。

- It is time for school.

  它是 時間 赴　學校 ＝它是上學的時間了。

  名詞　　「介片」當強調區
  （先行詞）（形容名詞time）

  （說明）本句原始句是「It is time.」。本句是選擇在名詞「time（時間）」後面，加上介詞「for」帶領的介片「for school（赴學校）」當強調區，形容名詞「time（時間）」。全句意思就變成「它是赴學校的時間囉」、「上學時間到囉」或「它是上學的時間了」。本句常縮寫成「Time for school.」。

◆ 英文翻譯成中文時，名詞後面若有強調區，因為強調區就是一種形容詞，所以翻成中文時，當然是由後（強調區）往前（名詞先行詞）翻譯。所以翻出來的中文順序和英文順序相反。

◆ 中文翻譯成英文時，判斷名詞後面是否有強調區的方法是：中文裡的名詞前面若有「……的」，表示有形容詞在形容它（名詞），這個

「……的」有可能是在名詞前面的一般形容詞，也有可能是在名詞後的形容詞，也就是強調區。

- 山中的生活很安靜。

  分析 「山中的」是在強調（形容）名詞「生活」，表示「山中」是強調區。「山中」是介片「在山中」的簡譯，所以是介片強調區。寫成英文時，強調區要放在名詞「生活」的後面。

  原始句 Life is quiet.

  　　　 生活 是 安靜的 ＝生活很安靜。

  ⇒ 名詞「Life」後面加上介片強調區「in the mountains（在山中）」。

  Life <u>in the mountains</u> is quiet.

生活	在山中	是 安靜的 ＝在山中的生活很安靜。
↓	↓	
名詞	「介片」當強調區	
（先行詞）	（形容名詞Life）	

（二）名詞後不定詞片語強調區　　習題解答（五）

- It is time <u>to go to school</u>.

它是 時間	去上學
↓	↓
名詞	「不定詞片語」當強調區
（先行詞）	（形容名詞time）

  ＝它是去上學的時間了。

  說明 本句原始句是「It is time.」本句是選擇在名詞「time（時間）」後面，加上不定詞「to」帶領的不定詞片語「to go to school（去上學）」當強調區，形容前面的名詞「time（時間）」。全句意思就變成「它是去上學的時間了」或「上學時間到囉」。本句常縮寫成「Time to go to school.」。本句和「It is time for school.」意思相同，只是一個用介片當強調區，一個用不定詞片語當強調區。

- 教小孩的一個好方法是去愛他們。

> **分析** 「教小孩的」是在強調（形容）名詞「方法」，表示「教小孩」是強調區。「教小孩」的「教」是動詞，所以用不定詞片語當強調區，譯成英文時，強調區要放在名詞「方法」的後面。

原始句 A good way is to love them.

    一個好的 方法 是去 愛 他們

⇒ 在名詞「way（方法）」後面加上不定詞片語「to teach children（教小孩）」當強調區。

A good way to teach children is to love them.

一個好的 方法 去 教 小孩 是去 愛 他們

           名詞   「不定詞片語」當強調區
    （先行詞） （形容名詞way）

＝一個教小孩的好方法是去愛他們。

＝教小孩的一個好方法是去愛他們。

- 你有吃的東西嗎？

> **分析** 「吃的」是在強調（形容）名詞「東西」，表示「吃」是強調區。「吃」是動詞，可以用不定詞當強調區，譯成英文時要放在名詞「東西」的後面。

原始句 Do you have anything?

      你   有   任何東西嗎

⇒ 在名詞「anything」後面加上「吃」的不定詞「to eat」當強調區。

Do you have anything to eat?

    你   有 任何東西 去 吃嗎

           名詞   「不定詞片語」當強調區
    （先行詞） （形容名詞anything）

＝你有吃的任何東西嗎？＝你有吃的東西嗎？

（三）名詞後形容詞強調區　習題解答（六）

◇ 形容詞形容名詞的時候，大都是放在名詞前面，譬如：「a good boy（一個好的男孩）」，形容詞「good（好的）」就是放在名詞「boy（男孩）」前面。但是在下列的例子中，形容詞卻是常放在名詞後面，所以稱為「名詞後形容詞強調區」。「名詞後形容詞強調區」的名詞很多是「something（某事）」、「someone（某人）」這類的字詞。

- someone important

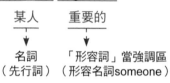

　　＝某個重要的人

- something wrong

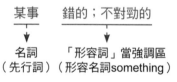

　　＝不對勁的事

- somebody else

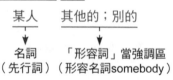

　　＝其他的人；別的人

- mission impossible

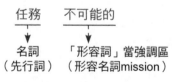

　　＝不可能的任務

- something fashionable

  某物　　時髦的

  名詞　　「形容詞」當強調區
  （先行詞）（形容名詞something）

  ＝時髦的東西

- I get a seat close to the stage.

  我 得到 一個座位 接近的 於 那 舞台

  名詞　　「形容詞片語」當強調區
  （先行詞）（形容名詞seat）

  ＝我得到一個接近舞台的座位。

◇ 很多強調區都是由子句強調區簡化而來，名詞後形容詞強調區也相同，譬如：「someone important」是由「someone who is important」簡化而來；「I get a seat close to the stage.」是由「I get a seat that is close to the stage.」簡化而來。以上例句中，「who is important」和「that is close to the stage」是子句強調區，「子句強調區」將會在後續談到。

- 我們可以在上面的例子中找到它。

  分析 「上面的」是在強調（形容）名詞「例子」，表示「上面」是強調區。
  「上面」是「在上面的」的簡譯，是形容詞，在本句當形容詞強調區，
  譯成英文時要放在名詞「例子」的後面。

  原始句 We can find it in the example.

  　　 我們 能 找到它在 這 　例子

  ⇒ 在名詞「example（例子）」後面加上形容詞「above（在上面的）」當強調區。

  We can find it in the example above.

  我們 能 找到它在 這 　例子 　在上面的

  名詞　　「形容詞」當強調區
  （先行詞）（形容名詞example）

  ＝我們能找到它在上面的例子中。＝我們可以在上面的例子中找到它。

（四）名詞後副詞強調區　習題解答（七）

- The boy <u>there</u> is my classmate.

　　那　男孩 在那裡是我的　同學。

　　　名詞　　「副詞」當強調區
　　（先行詞）（形容名詞boy）

＝在那裡的（那）男孩是我的同學。

> **分析** 本句原始句是「The boy is my classmate.」，地點副詞「there（在那裡）」當強調區，形容名詞「boy」。若不懂「名詞後強調區」的文法結構，很多人會把「there is」看成「有」，則錯誤大矣！

- The weather <u>today</u> is sunny.

　　這　天氣　今天　是晴朗的。

　　　名詞　　「副詞」當強調區
　　（先行詞）（形容名詞weather）

＝今天的天氣是晴朗的。

> **分析** 本句原始句是「The weather is sunny.」，時間副詞「today（今天）」是當強調區，形容名詞「weather」。

- <u>這裡</u>的食物很可口美味。

> **分析** 「這裡的」是在強調名詞「食物」，表示「這裡」是強調區。「這裡」是「在這裡」的簡譯，是地點副詞，在本句是副詞強調區，譯成英文時要放在名詞「食物」的後面。

原始句 The food is delicious.

　　　　這　食物 是　美味的

⇒ 在名詞「food」後面加上副詞「here（在這裡）」當強調區。

The food here is delicious.

　　這　食物 在這裡是　美味的

　　　名詞　　「副詞」當強調區
　　（先行詞）（形容名詞food）

＝在這裡的這食物是美味的。＝這裡的食物很可口美味。

（五）名詞後現在分詞（片語）強調區　

◆ 動詞加上ing有二種稱呼：一叫現在分詞、二叫動名詞，本單元談的
是「現在分詞」，現在分詞也可以在名詞（人或物）後面當強調區。
現在分詞本身有「正……的」的含意，因為現在分詞常用在「進行
式」。

- The girl standing there is Mary.

  那　女孩　　正站在那裡　　是　瑪莉

  名詞　　　「現在分詞片語」當強調區
  （先行詞）　　　（形容名詞girl）

  ＝正站在那裡的那女孩是瑪莉。

  （說明）本句原始句「The girl is Mary.」，現在分詞片語「standing there」當強調
  區，形容名詞「girl」。

- 坐在你後面的那個女孩是我的妹妹。

  （分析）「坐在你後面的」是在強調名詞「女孩」，表示「坐在你後面」是強調
  區。「坐在你後面」英文是「sit behind you」，若將「sit」改成現在分
  詞「sitting」，「sitting behind you」就變成現在分詞片語，就可當強調
  區。譯成英文時，強調區要放在名詞「女孩」的後面。

  原始句 The girl is my sister.

  　　　那　女孩是我的　妹妹

  ⇒ 在名詞「girl」後面加上現在分詞片詞「sitting behind you（坐在你後面）」
  當強調區。

  The girl sitting behind you is my sister.

  那　女孩　　正坐在你後面　　是我的　妹妹

  名詞　　　「現在分詞片語」當強調區
  （先行詞）　　　（形容名詞girl）

  ＝正坐在你後面的那個女孩是我的妹妹。

  ＝坐在你後面的那個女孩是我的妹妹。

（六）名詞後過去分詞（片語）強調區　習題解答（九）

◆ 過去分詞是動詞三態之一，也可以在名詞後面當強調區。以下例句所使用的過去分詞中，「written」是「write（寫）」的過去分詞；「built」是「build（建）」的過去分詞。過去分詞本身有「已……」或「被……」的含意，因為過去分詞常用在「完成式」和「被動式」。

- The letter written in English is from Tom.

    那　　信　　被寫　用　英文　是　從　湯姆

    　　名詞　　　「過去分詞片語」當強調區
    　（先行詞）　　（形容名詞letter）

    ＝用英文寫的那封信是湯姆寄來的。

    說明　本句原始句是「The letter is from Tom.」，過去分詞片語「written in English」當強調區，形容名詞「letter」。

- 這是一間40年前建的房子。

    分析　「40年前建的」是在強調名詞「房子」，表示「40年前建」是強調區。「40年前建」英文要說「40年前被建」，因為房子不會自己建，而是要「被建」，所以可以用過去分詞（片語）。「40年前被建」英文是「built forty years ago」，譯成英文時，要放在「房子」的後面。

    原始句 This is a house.

    　　　這　是一間　房子

    ⇒ 在名詞「house」後面加上過去分詞片語「built forty years ago（被建40年前）」當強調區。

- This is a house built forty years ago.

    這　是一間房子　被建　40　年　前

    　　　名詞　　「過去分詞片語」當強調區
    　（先行詞）　　（形容名詞house）

    ＝這是一間40年前建的房子。

◆ 很多名詞後強調區是由子句強調區簡化而來，名詞後過去分詞強調區也同。譬如：「This is a house <u>built forty years ago</u>.」是由「This is a house <u>that is built forty years ago</u>.」簡化而來。

小叮嚀

請讀好「名詞後強調區」

◆ 名詞後強調區是放在名詞後面的另一種類型的形容詞。名詞（人或物）後面都可以加上各種適當的強調區，使句子更長、意思表達的更清楚。所以，要好好研習名詞後強調區並善用之。研習時需注意以下幾點。

1. 看英文句子（或聽英文句子）時要敏感判斷名詞後面是否有強調區，若有，就要注意翻成中文時要由後（強調區）往前（名詞）翻。

2. 寫英文句子（或講英文句子）時，只要你想加強描述任何名詞（人或物），把它說的更清楚，不論它是擔任主詞或受詞或補語，不論它在句子的前面或中間或後面，只要你想加強描述它，把它說的更清楚，就可以在那個名詞（人或物）後面加上適當的強調區。

3. 如果考試考中翻英，則注意，若中文的名詞前面有「……的」，就可能有強調區。

4. 名詞後強調區是英文重要關卡，若不懂、不會用，英文水準無法提升。

◆ 強調區共有七種：

1. 介片強調區　　　　　　2. 不定詞片語強調區
3. 形容詞強調區　　　　　4. 副詞強調區
5. 現在分詞（片語）強調區　6. 過去分詞（片語）強調區
7. 子句強調區

◆「名詞後強調區」是英文使用最廣泛的一種文法結構，若沒學好，不但嚴重影響英文的表達能力，也常會弄不懂、甚至誤解別人的意思。以國中英語而言，它是國三學生有沒有跨過英語基礎門檻的指標。名詞後強調區在高中、大學的英文讀本隨處都是，有的甚至是強調區中又有強調區，若沒讀好，很多學生根本看不懂句子，謹此嚴肅叮嚀。

（七）名詞後子句強調區

◈ 當名詞（人或物）後面的強調區必須用句子（有主詞、動詞）來強調才能表達的更清楚時，就要用句子型的強調區，我們稱之為「子句強調區」。因為該強調區以句子的型態加入既有的句子中，變成句中句，所以稱為「子句強調區」。名詞（人或物）後面的子句強調區和其他六種強調區一樣，都是形容前面的名詞，是形容詞功能。所以傳統文法稱之為「形容詞子句」。而前面被強調、被形容的名詞，因為走在前面，傳統文法稱之為「名詞先行詞」。習題解答（十）1

1. 名詞後子句強調區的常見用法　習題解答（十）2

(1) 名詞先行詞（也就是被強調的名詞）是「人」

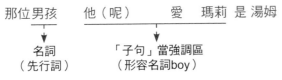

* The boy who（或that） loves Mary is Tom.

　　那位男孩　　他（呢）　　愛　瑪莉　是 湯姆

　　　名詞　　　「子句」當強調區
　　（先行詞）　　（形容名詞boy）

＝愛瑪莉的（那位）男孩是湯姆。

說明　這個句子的原始句是「The boy is Tom.（那個男孩是湯姆）」，句中有二個名詞：「boy」和「Tom」。本句是在名詞「boy」後面加上強調區，所以「boy」是「名詞先行詞」。「who（或that） loves Mary（他愛瑪莉）」是我們在名詞先行詞「boy」後面加上去的子句強調區，形容名詞「boy（男孩）」。其中「who（或that）」是代替被強調的名詞先行詞「boy（男孩）」，所以「who（that）」就是「boy」。「who（或that）」叫做「關係代名詞」，簡稱「關代」。按英文文法，名詞先行詞是「人」的時候，子句強調區中代替這個「人」的關代，要用「who（或that）」。在「The boy who（或that） loves Mary is Tom.」句中，子句強調區「who（或that） loves Mary」的關代「who（或that）」代替「boy」在句中擔任主詞。

- The boy whom（或that） Mary loves is Peter.

  那位男孩　　他（呢）　　　瑪莉　愛　是　彼得。

  　　　名詞　　　「子句」當強調區
  　（先行詞）　　（形容名詞boy）

注意，本句正式寫法時，「whom（或that）」常省略，寫成：

The boy Mary loves is Peter.

　那 男孩 瑪莉　 愛　是 彼得。 ＝瑪莉愛的（那位）男孩是彼得。

> 說明　這個句子的原始句是「The boy is Peter.」，「whom（或that） Mary
> loves」是我們在名詞「boy（男孩）」後面加上去的子句強調區。本
> 句要特別注意的是，在子句「whom（或that） Mary loves」中代替名
> 詞先行詞「boy（男孩）」的關代「whom（或that）」在子句中是擔任
> 「loves（愛）」的受詞，所以用「who」的受格「whom」。而按英文
> 文法，子句強調區的關代若是在子句中擔任受詞的角色，可以省略，
> 所以，本句的正式寫法是「The boy Mary loves is Peter.」，關代「whom
> （或that）」已被省略。事實上，現代英語中，子句強調區的「whom」
> 都用「who」取代，所以「whom」的關代已經很少見。但本書仍依
> 正常情形在例句中使用「whom」，讀者可以自由將「whom」改成
> 「who」。

(2) 名詞先行詞（也就是被強調的名詞）是「物或動物」

- The book which（或that） is fun is on the desk.

  那本 書　　它（呢）　　是有趣的是　 在桌上

  　　名詞　　　「子句」當強調區
  （先行詞）　　（形容名詞book）

＝很有趣的那本書在桌上。

> 說明　這個句子的原始句是「The book is on the desk.」，「which（或that） is
> fun」是加在名詞「book（書）」後面的子句強調區。按英文文法，名
> 詞先行詞是「物」或「動物」的時候，子句強調區中代替「物」或「動

物」的關係代名詞要用「which（或that）」，所以「which（或that）」就是「book」。在子句「which（或that） is fun」中，關代「which（或that）」是擔任主詞。

- The book which（或that） Mary loves is on the desk.

那本　書　　　　它（呢）　　　瑪莉　愛　是　在桌上。

名詞
（先行詞）

「子句」當強調區
（形容名詞book）

注意，正式寫法時，「which（或that）」常省略，寫成：

The book Mary loves is on the desk.

那本　書　瑪莉　愛　是　　在桌上　　＝瑪莉愛的那本書在桌上。

（說明）本句要特別注意的是，在子句強調區「which（或that） Mary loves」中代替名詞「book（書）」的關代「which（或that）」是擔任「loves（愛）」的受詞，是被「Mary（瑪莉）」愛的書。按英文文法，子句強調區中的關代若是擔任受詞的角色，可以省略，所以正式寫法是「The book Mary loves is on the desk.」，關代「which（或that）」已被省略。

◇ 由上列四個例句看出，名詞先行詞是「人」的時候，子句強調區用的關代用「who」或「that」（人當受詞時，傳統文法「who」要改用「whom」，但現代英語已全部用「who」）；名詞先行詞是「物」或「動物」的時候，關代要用「which」或「that」，「that」是人和物都通用的。習題解答（十）3

2. 關代只能用「that」的情形　　習題解答（十）4

- Who is the man that is reading a book?

誰　是　那　男人　他（呢）正在閱讀一本書

名詞
（先行詞）

「子句」當強調區
（形容名詞man）

＝誰是正在閱讀一本書的（那）男人？＝正在閱讀一本書的（那）男人是誰？

說明 按正常情形，名詞先行詞如果是「人」，子句強調區的關代是「who（或that）」。但是這個句子中最前面的疑問詞已經用了「who（誰）」，所以關代不要再用「who」，避免重複。

• Look at the boy and the dog that are crossing the bridge.

瞧　　　那 男孩 和 那 狗　　他們（呢）正跨過那橋

　　　　　　　名詞　　　　　　「子句」當強調區
　　　　　　（先行詞）　　　　（形容boy和dog）

＝瞧那正在過橋的男孩和狗。

說明 名詞先行詞有人又有狗（動物），關代只能用人和動物都通用的「that」。

• This is the first book that is for Lucy.

這 是 這第一本 書　它(呢)是 給 露西

　　　　　　名詞　　「子句」當強調區
　　　　　（先行詞）　（形容book）

＝這是給露西的第一本書。

說明 被強調的名詞或名詞區（本句名詞區是「the first book」）中，若含有「第一（first）」、「唯一（only）」、「最好的（best）」、「最後的（last）」、「全部（all）」等凸顯字眼時，子句強調區的關代用「that」。

3. 下列的例句告訴我們，為了強調名詞先行詞的人或物，除了用關代（「who」、「whom」、「which」、「that」）帶的子句當強調區之外，還可使用關代所有格「whose」和關係副詞（「where」、「when」、「why」）帶的子句當強調區，以應實際談話之所需。

• She has an uncle whose name is Tom.

她　有一個 舅舅　他的　名字 是 湯姆

　　　　　名詞　　「子句」當強調區
　　　　（先行詞）　（形容名詞uncle）

＝她有個名叫湯姆的舅舅。

說明 本句的子句強調區「whose name is Tom」是使用關代所有格「whose name（他的名字）」來強調名詞「uncle（舅舅）」。「whose」原意是「誰的」，但在本句中是在講名詞先行詞「uncle（舅舅）」，所以「whose」譯成「他的」較恰當。「whose」也可用在「物」，譯成「它的」或「牠的」。

• The place <u>where he works</u> is in this city.

那 　地方 　在那兒 他 　工作 　是 　在這城市

名詞 　　　　「子句」當強調區
（先行詞）　（形容名詞place）

＝他工作的地方是在這城市裡。

說明 本句的子句強調區「where he works」之中，「where」是關係副詞。要注意，「where」當關係副詞時，所帶的子句強調區只用來形容表示地方的名詞先行詞，本句指的名詞是「place（地方）」。「where」當疑問詞是指「何處；那裡」，當關係副詞時，要譯成「在那兒」。「where」也可用介片取代，「where」＝「in which」＝「at which」＝「on which」，所以「The place <u>where he works</u> is in this city.」＝「The place <u>in which he works</u> is in this city.」。

• I remember the <u>day</u> <u>when I met him</u>.

我 　記得 　　那 　天 在那時我遇見 他

名詞 　　　　「子句」當強調區
（先行詞）　（形容名詞day）

＝我記得我遇見他的那一天。

說明 本句的子句強調區「when I met him」之中，「when」是關係副詞。要注意，「when」當關係副詞時，所帶的子句強調區只用來形容表示時間的名詞先行詞，本句的名詞是「day（天）」。「when」當疑問詞是指「何時」，當關係副詞時，要譯成「在那時」。when也可用介片取代，「when」＝「in which」＝「at which」＝「on which」，所以「I remember the day <u>when I met him</u>.」＝「I remember the day <u>on which I met him</u>.」。

- I don't know the reason why he was angry.

　我　　不知道　　那　　理由　　為那　他　是　生氣的

　　　　　　　　　　↓　　　　　　　　↓
　　　　　　　　名詞　　　　　「子句」當強調區
　　　　　　　（先行詞）　　（形容名詞reason）

＝我不知道他生氣的理由。

(說明) 本句的子句強調區「why he was angry」之中，「why」是關係副詞。要
注意，「why」當關係副詞時，所帶的子句強調區只用來形容表示理由
的名詞先行詞，本句的名詞是「reason（理由）」。「why」當疑問詞是
指「為何」，當關係副詞時，要譯成「為那」。「why」也可用介片取
代，「why」＝「for which」，所以「I don't know the reason why he was
angry.」＝「I don't know the reason for which he was angry.」。

4. 名詞後子句強調區的中翻英方法　　習題解答（十）6

- 他是個愛動物的老師。

　(分析) 從「愛動物的老師」判斷「愛動物」是強調區，形容名詞「老師」。本
句的原始句是「他是個老師」，「愛動物」用來強調「老師」，結構
是：他是一位老師愛動物。我們若是要用子句當強調區，則「愛動物」
就必須加上關係代名詞「who」或「that」才像子句，因為老師是人，所
以關係代名詞用「who（或that）」。本句的英文結構是：他是一位老師
who（或that）愛動物。

＝ He is a teacher who（或that） loves animals.

　他　是一位老師　　　他（呢）　　　愛　　動物

　　　　↓　　　　　　　　　　↓
　　　名詞　　　　　　「子句」當強調區
　（先行詞）　　　（形容名詞teacher）

＝他是個愛動物的老師。

- 那部有二個門的汽車是我的。

    分析　從「有二個門的汽車」判斷「有二個門」是強調區，形容名詞「汽車」。以英文結構而言，強調區「有二個門」要放在名詞「汽車」後面。若用子句當強調區，則「有二個門」前面要加上關代「who」、「which」或「that」才像子句，因為汽車是物，所以關係代名詞用「which（或that）」。本句的英文結構是：那部汽車which（或that）有二個門是我的。

= The car which（或that） has two doors is mine.
　　那 汽車　　它（呢）　　　有 二個 門　是 我的
　　　↓　　　　　↓
　　　名詞　　　「子句」當強調區
　　（先行詞）　（形容名詞car）

＝那部有二個門的汽車是我的。

※本句也可以用介詞片語當強調區（介片強調區），「有二個門」的介片是「with two doors」，所以本句可變化為：

The car with two doors are mine. 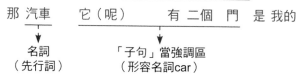 習題解答（十一）
　那 汽車 有著 二個　門　　是　我的
　　　↓　　　　↓
　　　名詞　　「介片」當強調區
　（先行詞）（形容名詞car）

＝有著二個門的那部汽車是我的。＝那部有二個門的汽車是我的。

由以上看出，本句用介詞片語（介片）或用子句當強調區都是可以的。英文要活讀活用。

二、「關係代名詞」、「關係代名詞所有格」與 「關係副詞」 習題解答（十二）

◆ 當我們想在某一個名詞（人或物）後面加上子句強調區，形容那個名詞時，子句強詞區的帶頭者常見的有關係代名詞（簡稱關代）、關係代名詞所有格（簡稱關代所有格）和關係副詞，可依表達的需要做選用。

（一）關係代名詞（關代）

- The car which（或that）has two doors is mine.
  那部有二個門的汽車是我的。

- The boy who（或that）loves Mary is Tom.
  愛瑪莉的那位男孩是湯姆。

- The boy whom（或that）Mary loves is Peter.
  瑪莉愛的那位男孩是彼得。

  說明 上列例句中的子句強調區中，帶頭的「which」、「who」、「whom」和「that」這些字，一是帶著子句跟在名詞先行詞後面，和名詞先行詞搭上「關係」，二則在自己帶的子句中扮演主詞、受詞或補語，有「代名詞」的功能，所以「which」、「who」、「whom」和「that」在文法上叫做「關係代名詞」，簡稱「關代」。另一說法是：任何句子若要加入別的句子，就需要有連接詞帶隊當連接人。譬如「The boy who（或that）loves Mary is Tom.」中，「who（或that）」帶子句「who（或that）loves Mary」進入句子「The boy is Tom.」之中，「who（或that）」是扮演連接詞的角色。另外，「who（或that）」在子句中又扮演主詞、受詞、補語其中一個角色，此時的「who（或that）」共有二個角色，文法上特稱為「關係代名詞」，簡稱「關代」。

（二）關係代名詞所有格（關代所有格）　習題解答（十）5

- She has an <u>uncle</u> <u>whose name is Tom</u>.
  她有個名叫湯姆的舅舅。

  （說明）上列例句中的子句強調區「whose name is Tom」中，帶頭的「whose
  name（他的名字）」是「所有格（……的）」，它帶著子句跟在名詞先
  行詞「uncle」後面，和名詞先行詞「uncle」搭上「關係」，又在自己
  帶的子句「whose name is Tom」中也扮演主詞角色，有「代名詞」的功
  能，所以子句強調區帶頭的若是「whose name」這種型的，文法上叫做
  「關係代名詞所有格」，簡稱「關代所有格」（「whose（誰的）」是
  「who（誰）」的所有格，「whom」是「who」的受格）。

（三）關係副詞　習題解答（十）5

- The <u>place</u> <u>where he works</u> is in this city.
  他工作的地方是在這城市裡。

- I remember the <u>day</u> <u>when I met him</u>.
  我記得我遇見他的那一天。

  ※依英文文法，本句中的「when」可以省略掉。

- I don't know the <u>reason</u> <u>why he was angry</u>.
  我不知道他生氣的理由。

  ※依英文文法，本句中的「why」可以省略掉。

  （說明）上列例句中的子句強調區中，帶頭的「where（＝in which在那兒）」、
  「when（＝on which在那時）」、「why（＝for which為那）」，它帶
  著子句跟在名詞先行詞後面，和名詞先行詞搭上「關係」，又在自己帶
  的子句中扮演「副詞」角色，形容詞子句中的動詞。所以，若子句強
  調區帶頭的是「where」、「when」或「why」，則此時的「where」、
  「when」、「why」，文法上稱之為「關係副詞」。

◇ 關係副詞為什麼是「副詞」呢？我們以「The place where he works is in this city.」的子句「where he works」做說明。在句中，「where」表示「在那兒」工作，形容動詞「work（工作）」，所以它是副詞，不是平常的疑問詞「那裡」。如果我們把「where」用介片「at which」取代，變成「at which he works」，再變成「he works at which」，並假設「which」是「home」，變成「he works at home（他在家工作）」，就可以看出「where」的功能就是「at home」的功能，是副詞功能，形容動詞「works（工作）」。

關係代名詞「as」

◈ 補充國中英語範圍以外的關係代名詞（關代），以「as」為例。

• I don't like a boy who（或that）tells lies.

我 不　喜歡一男孩　　他（呢）　　說　謊

　　　　　　　↓　　　　　　↓
　　　　　　名詞　　　　子句強調區
　　　　（先行詞）　　（形容名詞boy）

＝我不喜歡說謊的男孩。

（本句是用「who（或that）」當關代）

• I don't like such a boy as tells lies.

我 不　喜歡 如此的一男孩 他（呢）說謊

　　　　　　　↓　　　　↓
　　　　　　名詞　　子句強調區
　　　　（先行詞）（形容名詞boy）

＝我不喜歡（像）這樣說謊的男孩。

（本句是用「as」當關代）

（說明）「such... as...」是英文常有的搭配，若使用「such」，則關代可以改用「as」來搭配，此時的「as」就等於是關代「who（或that）」，文法上把「as」稱為「準關代」。要注意，「as」有「像」的含義，翻譯時可適度加入使用。

• I don't buy the same cellphone as you have.

我 不　買 這相同的　手機　它（呢）你有

　　　　　　　　↓　　　　↓
　　　　　　　名詞　　子句強調區
　　　　　（先行詞）（形容名詞cellphone）

＝我不買（像）你有的相同的手機。

（說明）「the same... as...」也是英文常有的搭配，若使用「the same」，
則關代也可以改用「as」來搭配，此時的「as」就等於是關代
「which（或that）」。要注意，「as」有「像」的含義，翻譯
時可適度加入使用。

• He is <u>as</u> good a boy <u>as</u> Tom is.

他 是如此地 好的 一男孩 他（呢）湯姆是

     名詞 子句強調區
   （先行詞）（形容名詞boy）

＝他是像湯姆如此好（一樣好）的男孩。

（說明）「as... as...」也是英文常有的搭配，若前面使用「as」，則關代
也可以改用「as」來搭配，此時的「as」就等於是關代「who
（或that）」。要注意，「as」有「像」的含義，翻譯時可適度
加入使用。

◈ 下列例句中的「as」則不是準關代。

• He ran as fast as I (do).

他跑得像我一樣快。

（說明）句中第二個「as」前面沒有名詞先行詞，不是準關代，只是連
接詞。

三、複合關係代名詞（複合關代）　

- This is the <u>robot</u> which（或that） makes me happy.

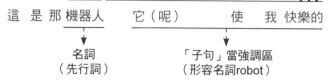

＝這就是使我快樂的機器人。

（說明）如果這句話我想講含糊些，說成「這就是使我快樂的東東」，則寫成「This is <u>what</u> makes me happy.」。本句中的「what」等於取代了上一句的名詞先行詞「the robot」和關係代名詞「which」。因此，「what」不但兼具關係代名詞的身份，又頂替了名詞先行詞，文法上稱為「複合關係代名詞」，簡稱「複合關代」。這裡的「what」譯成「……的東東」，是國中英文最常見的複合關係代名詞，不是一般獨立疑問句的「what」：

- what = the thing(s) that = ……的東東（請背熟）

  名詞先行詞　關代

- <u>What children need most</u> is their parents.

  小孩們最需要的（東東）是他們的父母。（基測91(二)第43~45題）

複合關係代名詞「whatever」

◇ 補充國中英語範圍以外的複合關代,以「whatever」為例。

whatever = anything which   任何……的東東

- I believe whatever he said.

  = I believe anything which he said.

  我 相信 任何他所說的東東　　　=我相信他說的任何話。

  說明 複合關係代名詞(複合關代)＝名詞先行詞＋關代。複合關代所代替的名詞先行詞就是名詞,在句中擔任主詞、受詞或補語,所以複合關代所帶的子句(譬如「whatever he said」)也是擔任主詞、受詞或補語,是具有名詞功能的子句。在「I believe whatever he said.」句中,「whatever he said」是擔任動詞「believe」的受詞。

◇ 下列例句中的「whatever」則不是複合關代。

- Whatever Tom says, I don't believe him.

  無論　湯姆 說什麼東東我 不　相信　他

  =無論湯姆說什麼,我都不相信他。

  說明 從句中看出,「whatever」帶的子句「whatever Tom says」不是名詞子句,而是副詞子句,形容主要子句的動詞「believe」,「whatever」不是複合關代,只是帶領副詞子句的「連接詞」,譯成「無論什麼東東」,若用英文表示,則「whatever」=「no matter what」。

四、「子句強調區」句型與「補述型子句」句型

◈ 請仔細比較「子句強調區」與「補述型子句」二種句型，只差一個逗
號，意思卻相差甚遠，要特別注意。

（一）名詞後直接接的「子句強調區」句型

- I visited <u>my friend</u> <u>who lives in Hualien.</u>

  我拜訪了我的 朋友　他（呢）住　在　花蓮

  名詞　　　「子句」當強調區
  （先行詞）　（形容名詞friend）

  ＝我拜訪了住在花蓮的朋友。

（二）名詞後加逗號「,」隔開的「補述型子句」句型

- I visited my friend, <u>who lives in Hualien.</u>

  我拜訪了我的 朋友　　他　住　在　花蓮

  （補述型子句）

  ＝我拜訪了我的朋友，他住在花蓮。

- My brother, <u>who is a teacher,</u> can speak English.

  我的 弟弟，　　他　是一位老師，　（他）會 說　　英語

  （補述型子句）

  說明 補助說明型子句有用逗號「,」隔開，如同七年級學的同位語。補助說明
  型子句不是強調用，而是補充說明，翻譯成中文時，只需平直、順著翻
  譯即可。

五、用英文諺語溫習「名詞後強調區」

- A <u>friend</u> <u>in need</u> is a <u>friend</u> <u>indeed</u>.

  朋友　在需要中是　朋友　真正地

  名詞　　「介片」當強調區　名詞　「副詞」當強調區
  （先行詞）（形容名詞friend）（先行詞）（形容名詞friend）

  ＝在需要中的朋友是真正地朋友。＝患難見真情。

  (說明) 本句原始句是「A friend is a friend.」，而「in need」和「indeed」是加上去的名詞後強調區。

- A <u>life</u> <u>without a friend</u> is a <u>life</u> <u>without a sun</u>.

  生命　無　　　朋友　是　生活　無　　太陽

  名詞　「介片」當強調區　名詞　「介片」當強調區
  （先行詞）（形容名詞life）　（先行詞）（形容名詞life）

  ＝沒有朋友的生命是沒有太陽的生命。＝人生無友如同生活中沒有太陽。

  (說明) 本句原始句是「A life is a life.」，而「without a friend」和「without a sun」是加上去的名詞後強調區。

- Self-help is the best <u>way</u> <u>to success</u>.

  自助　　是 這 最好的方式 到　成功

  　　　　　　　　　名詞　「介片」當強調區
  　　　　　　　　（先行詞）（形容名詞way）

  ＝自助是（到）成功的最好方法。＝自助乃最佳成功之道。

  (說明) 本句原始是「Self-help is the best way.」，而「to success」是加上去的名詞後強調區。

- God helps those who help themselves.

上帝　幫助　那些人　他們（呢）幫助　他們自己

名詞　　　　　「子句」當強調區
（先行詞）　（形容代名詞those）

＝上帝（神明）幫助那些幫助他們自己的人。＝天助自助者。

（說明）本句原始句是「God helps those.」，而「who help themselves」是加上去的名詞後強調區。

現學現考・常讀常考

◈ 考前要先複習並在每頁左上角或右上角簽上日期記錄。

◈ 請以口測優先,多做口測,再筆測。測驗日期、測驗結果考官都要記錄。

◈ 不論口測、筆測、自測、師測或家長測,一定要測到熟透方可。

◈ 答案區在教材中,以習題解答(一)、習題解答(二)……等標示。

(一)一般的形容詞是放在名詞前面來形容名詞,而名詞後強調區是另一類型的形容詞,是放在名詞後面形容名詞。為什麼要放在名詞後面來形容名詞呢?

(二)走在強調區前面的名詞,文法上特稱之為什麼?

(三)名詞後強調區最常見的有哪七種類型?

(四)請用「名詞後介片強調區」來講出下列句子的英文。

1. 在教室的男孩是湯姆。	2. 它是上學的時間了。
3. 山中的生活很安靜。	

(五)請用「名詞後不定詞片語強調區」講出下列句子的英文。

1. 它是去上學的時間了。	2. 教小孩的一個好方法是去愛他們。
3. 你有吃的東西嗎?	

(六)請用「名詞後形容詞強調區」講出下列句子的英文。

1. (1) 某個重要的人	(2) 不對勁的事
(3) 其他的人	(4) 不可能的任務

(5) 時髦的東西

2. (1) 我得到一個接近舞台的座位。

(2) 我們可以在上面的例子中找到它。

（七）請用「名詞後副詞強調區」講出下列句子的英文。

1. 在那裡的男孩是我的同學。

2. 今天的天氣是晴朗的。

3. 這裡的食物很可口美味。

（八）請用「名詞後現在分詞強調區」講出下列句子的英文。

1. 站在那裡的那女孩是瑪莉。

2. 坐在你後面的那個女孩是我的妹妹。

（九）請用「名詞後過去分詞強調區」講出下列句子的英文。

1. 用英文寫的那封信是湯姆寄來的。

2. 這是一間40年前建的房子。

（十）名詞後子句強調區：

1. 「名詞後子句強調區」傳統文法稱它叫什麼？被強調、被形容的名詞，因為走在前面，傳統文法稱它叫什麼？

2. 請以「名詞後子句強調區」講出下列句子的英文。

(1) 愛瑪莉的（那位）男孩是湯姆。

(2) 瑪莉愛的（那位）男孩是彼得。

(3) 很有趣的那本書在桌上。

(4) 瑪莉愛的那本書在桌上。

3. 名詞先行詞是「人」的時候，子句強調區用的關代是什麼？名詞先行詞是「物或動物」的時候，關代要用什麼？哪一個關代是人和物都通用的？

4. 請將下列句子翻成中文，並說明句中子句強調區的關代為什麼只能用「that」？

(1) Who is the man that is reading a book?

(2) Look at the boy and the dog that are crossing the bridge.

(3) This is the first book that is for Lucy.

5. 請以下列句子為例，說明除了使用關代之外，還可以使用什麼來強調名詞（先行詞）？

(1) She has an uncle whose name is Tom.

(2) The place where he works is in the city.

(3) I remember that day when I met him.

(4) I don't know the reason why he was angry.

6. 請用「名詞後子句強調區」講出下列句子的英文。

(1) 他是個愛動物的老師。　　(2) 那部有二個門的汽車是我的。

（十一）請用「名詞後介片強調區」將「那部有二個門的汽車是我的」翻成英文。

（十二）請以教材中的句子為例，說明什麼是關係代名詞（關代）、關係代名詞所有格（關代所有格）、關係副詞？

（十三）複合關係代名詞：

1. 請以下列句子為例，說明什麼叫做複合關係代名詞（複合關代）？

   (1) This is the robot which makes me happy.

   (2) This is what makes me happy.

2. 國中常見的複合關代「what」等於什麼？中文意思是什麼？

（十四）請說明下列二種句型的意思差別。

1. I visited my friend who lives in Hualien.

2. I visited my friend, who lives in Hualien.

（十五）你背了哪些有名詞後強調區的英文諺語？（先講中文字面翻譯，然後說出英文，最後再講正式翻譯）

定冠詞「the」、不定冠詞「a」（七年級）

一、定冠詞「the」　習題解答（一）

◈ 「the」英文文法稱為「定冠詞」，它有下列特性：「the」是「這、那」的祖先，包容力最大，單數、複數，可數名詞、不可數名詞都可以接。所以「the」可以翻譯成「這、這些、那、那些」，看接的是什麼。譬如：「the book」可以翻譯成「這本書」或「那本書」，「the books」可以翻譯成「這些書」或「那些書」。

◈ 「the」的子孫分為二支：

1. the ⇒ this這 ⇒ these這些

2. the ⇒ that那 ⇒ those那些

◈ 「the」一般是唸 [ðɛ]，若是後面接的字第一個字母的發音（以音標為準）是母音，則「the」要改唸 [ði]。譬如：「the apple（這蘋果）」的「the」要唸 [ði]，因為「apple」的a發母音 [æ]。

二、不定冠詞「a」

◇ 「a（一個、一位……）」英文文法上稱為「不定冠詞」，譬如：「a book（一本書）」。 習題解答（二）

◇ 要注意，一個蘋果要說「an apple」，因為當a後面接的字第一個字母的發音（以音標為準）是母音時，a要改成an，因為「apple」的a的音標是母音 [æ]。一個幽浮是「a UFO」，不是an UFO，因為U的音標是半母音 [ju]，[j]不是母音，要注意分辨。

三、要注意的英文習慣

◇ 以「我是一位學生」為例，英文要說「I am a student.」，若不說「一位學生」，可說「你的學生」、「她的學生」、「湯姆的學生」等。

- I am your student. 我是你的學生。
- I am her student. 我是她的學生。
- I am Tom's student. 我是湯姆的學生。

◇ 只要意思通順，也可使用定冠詞「the」。

「a」、「your」、「her」、「Tom's」、「the」是同一掛的字，不可重覆，例如「I am a your student.」是錯的，「a」和「your」只能用其中一個。

四、計量說法

（一）常見的計量說法　習題解答（三）1

1. cup 杯	tea 茶	a cup of tea 一杯茶
2. glass 玻璃杯	juice 果汁	a glass of juice 一杯果汁
3. drop 滴	water 水	a drop of water 一滴水
4. bottle 瓶	wine 酒	a bottle of wine 一瓶酒
5. bowl 碗	rice 米、飯	a bowl of rice 一碗飯
6. can 罐	coffee 咖啡	a can of coffee 一罐咖啡
7. box 盒	cookies 餅乾	a box of cookies 一盒餅乾
8. pound 磅	sugar 糖	a pound of sugar 一磅糖
9. sheet 張	paper 紙	a sheet of paper 一張紙
10. piece 片、塊	meat 肉	a piece of meat 一塊肉
11. pair 雙	shoes 鞋	a pair of shoes 一雙鞋

（二）計量說法的注意事項

◈ 「a cup of tea（一杯茶）」的「cup（杯）」叫做計量詞，計算數量的字。「二杯茶two cups of tea」的計量詞「cups」有s尾，是複數形，因為前面的字詞是「two」。

◈ 「of」是介詞，可譯成「屬於……的」或「……的」，「of tea」、「of juice」、「of water」等是介詞片語，作者給它一個稱呼，叫做「掌控區」或「來源區」，「of」後面的「tea」、「juice」、「water」等，則叫做「掌控者」或「來源者」。以「a cup of tea」為例，因為有了來源者「tea」，我們才知道講的是一杯茶。

◈ 按照道理，掌控者（來源者）範圍較大，應該是複數形，除非是不可數名詞，本來就不能有複數形。

1. 「a box of cookies（一盒餅乾）」的「cookie（餅乾）」是可數名詞，在此是「來源者」，所以要用複數形「cookies」。

2. 「a pair of shoes（一雙鞋）」的「shoe（鞋）」是可數名詞，在此是「來源者」，就應該用複數形「shoes」。習題解答（三）2

3. 「two cups of tea（二杯茶）」的「tea（茶）」是不可數名詞，本來就不能有複數形，所以「tea」沒有s尾（複數形）。

現學現考・常讀常考

◈ 考前要先複習並在每頁左上角或右上角簽上日期記錄。

◈ 請以口測優先，多做口測，再筆測。測驗日期、測驗結果考官都要記錄。

◈ 不論口測、筆測、自測、師測或家長測，一定要測到熟透方可。

◈ 答案區在教材中，以習題解答（一）、習題解答（二）……等標示。

（一）「the」：

　　1.「the」英文文法稱為什麼？

　　2.「the」是什麼的祖先？

　　3. 因為「the」的包容力最大，單數、複數，可數名詞、不可數名詞都可以接，所以「the」可以譯成什麼？

　　4.「the」的子孫分為哪二支？

（二）「a」英文文法上稱為什麼？

（三）計量說法：

　　1. 請將下列計量說法翻成英文。

(1) 一杯茶	(2) 一杯果汁	(3) 一滴水
(4) 一瓶酒	(5) 一碗飯	(6) 一罐咖啡
(7) 一盒餅乾	(8) 一磅糖	(9) 一張紙
(10) 一塊肉	(11) 一雙鞋	

　　2. 請以「一雙鞋」的英文說明什麼是「來源者」、「掌控者」？什麼是「掌控區」？

第9單元 可數名詞、不可數名詞（七年級）

一、可數名詞

◆ 以「書」為例，書可以數「一本書（one book）」、「二本書（two books）」，文法上稱為「可數名詞」。可數名詞的複數就有複數形，譬如「book」的複數形是「books」。習題解答（一）

二、不可數名詞

◆ 以「水」為例，水不可以數一個水、二個水，文法上稱為「不可數名詞」。既然不可數，就不能出現「a water」、「one water」或「waters」等樣子。習題解答（一）

三、可數名詞的複數型態   習題解答（二）

◆ 可數名詞若是複數就有複數形，複數形的樣子有三種：有s尾的規則型、不規則型、不變型（複數形和單數一樣不變）。

（一）有s尾的規則型

◆ 變有s尾的方式又分為以下五種：

1. 一般的字尾，直接＋s，譬如：二本書books。

2. 字尾是脆脆音（s [s]、x [ks]）或是絲絲音（sh [ʃ]、ch [tʃ]），要＋es，譬如：巴士buses，盒子boxes，盤子dishes，手表watches。

3. 字尾是子音y，要先將y改成i再＋es，譬如：小狗puppy ⇒ puppies。

4. 字尾是f或fe的，要先將f或fe改成v再＋es，譬如：葉子 leaf ⇒ leaves、太太wife ⇒ wives。但也有例外：屋頂 roof ⇒ roofs。

5. 字尾是o的，有的只＋s尾、有的＋es尾，譬如：收音機 radio ⇒ radios，英雄hero ⇒ heroes。

（二）不規則型（複數有變樣子，但不是變有s尾）

單字	單數形	複數形
男人	man	men
女人	woman	women
小孩	child	children
小老鼠	mouse	mice
腳	foot	feet
牙齒	tooth	teeth

（三）不變型（複數和單數同形，樣子沒有任何改變）

單字	單數形	複數形
鹿	deer	deer
魚	fish	fish
綿羊	sheep	sheep
中國人	Chinese	Chinese

※但要注意「fish（魚）」若加es尾變「fishes」，是指多「種」魚。

現學現考 · 常讀常考

◇ 考前要先複習並在每頁左上角或右上角簽上日期記錄。

◇ 請以口測優先，多做口測，再筆測。測驗日期、測驗結果考官都要記錄。

◇ 不論口測、筆測、自測、師測或家長測，一定要測到熟透方可。

◇ 答案區在教材中，以習題解答（一）、習題解答（二）……等標示。

（一）什麼叫做可數名詞？什麼叫做不可數名詞？請舉例說明。

（二）複數形：

  1. 請說明規則型中，變有s尾的方式有哪些？

  2. 請舉例說明哪些複數是不規則型。

  3. 請舉例說明哪些複數和單數樣子一樣，屬於不變型。

第10單元 主詞的人稱分別（七年級）

一、人稱的定義

◇ 名詞在句中可擔任主詞、受詞或補語。當名詞擔任主詞時，主詞又分為第一、第二、第三人稱。在英文，人稱不同，動詞也有所不同，所以要學會判斷主詞是什麼人稱。習題解答（一）

◇ 依作者見解，「我（I）」是第一人稱，「你（you）」是第二人稱，其他的都是第三人稱。第三人稱又分為單數和複數，第三人稱單數簡稱「三單」，譬如：「他（he）」；第三人稱複數簡稱「三複」，譬如：「他們（they）」。第一人稱「我（I）」是講話或寫句子的人，第二人稱「你（you）」是聽話或看那句子的人，第三人稱是被提到的人、物或事，分為單數（三單）和複數（三複）。習題解答（二）

◇ 當主詞的人稱不同時，所用的動詞也有所不同。這裡以be動詞和一般動詞的「eat（吃）」做說明。整理如下表。習題解答（三）

動詞 （現在簡單式）	第一人稱 I（我）	第二人稱 you（你）	三單 he（他）	三複 they（他們）
be動詞	I am我是	you are你是	he is他是	they are他們是
一般動詞（eat吃）	I eat我吃	you eat你吃	he eats他吃	they eat他們吃

（說明）主詞三複和第二人稱用的動詞完全相同。

（說明）動詞若是現在簡單式，包括be動詞和一般動詞，三單主詞用的動詞都有s尾，譬如：「他是（he is）」、「他吃（he eats）」都有s尾，作者稱之為「三單偏好s尾」。

※坊間有些版本，將「我們（we）」也列為第一人稱，將「你們（you）」也列為第二人稱。本書作者認為人稱的定義，一要好記，二要其動詞好分別，不易弄亂就好。各家有各家的理論，只要對，殊途同歸，道歸於一。

二、具名詞功能，可以當主詞的片語及子句

◆ 本書之前談過具有名詞功能的片語及子句，這些可以當主詞的片語及子句共有以下六種：不定詞片語，動名詞片語，疑問詞片語，that子句，whether子句，和疑問詞帶頭的疑問句「還原後」的子句。

◆ 可以當名詞的片語及子句在句子中當「主詞」時，講的是一件事，在人稱上列為三單，動詞要用三單用的動詞；若是二個片語或子句當主詞，則是三複，動詞要用三複用的動詞。

- Playing basketball is good for you. 習題解答（四）

  「動名詞片語」當主詞
  一件事，是三單，動詞用「is」

  打籃球對你很好。

- Eating too much meat and drinking too much coffee are bad for you.

  「二個動名詞片語」當主詞
  二件事，是三複，動詞用「are」

  吃太多肉和喝太多咖啡對你不好。

三、判斷句子主詞的方法　習題解答（五）

◆ 曾有初學英語的學生問作者，要怎麼判斷什麼是句子的主詞？當然，這不是三言兩語可以講完的。不過，如果把英文句子用中文唸出來，依字面直譯，就很容易體會出，講這句話的人講的主角、主題，也就是主詞是什麼。如果我們又能了解具有名詞功能並能當主詞、受詞或補語的片語或子句，當然更容易判斷什麼是「主詞」。

現學現考・常讀常考

◆ 考前要先複習並在每頁左上角或右上角簽上日期記錄。

◆ 請以口測優先，多做口測，再筆測。測驗日期、測驗結果考官都要記錄。

◆ 不論口測、筆測、自測、師測或家長測，一定要測到熟透方可。

◆ 答案區在教材中，以習題解答（一）、習題解答（二）……等標示。

（一）名詞可擔任主詞、受詞或補語，當名詞擔任主詞時，主詞可分為哪三種人稱？

（二）「我（I）」、「你（you）」、「他（he）」、「他們（they）」各是什麼人稱？

（三）請講出下列中文的英文。

1. 我是	2. 你是	3. 他是	4. 他們是
5. 我吃	6. 你吃	7. 他吃	8. 他們吃

（四）請問「Playing basketball is good for you.」是什麼意思？主詞是誰？主詞是第幾人稱？動詞是什麼？

（五）請問作者如何教導初學者判斷句子的主詞？

第11單元　特別先談擔任形容詞的「很多」、「一些」、「很少」、「任何」、「沒」（七年級）

◈ 本篇第1單元談過「不定代名詞」，其中有很多也具有形容詞功能，本單元先談其中的「很多」、「一些」、「很少」、「任何」、「沒」，以利研習時做比較。以下以「some（一些）」為例，說明當代名詞和當形容詞的不同用法，其中當形容詞的用法是本單元的主題：

- Some of my friends are short.

  我的朋友中，有一些很矮。

  (說明) 句中的「some」是「不定代名詞」，具名詞功能，被來源者「my friends」推出來擔任主詞。「不定代名詞」詳細說明請見第1單元。

- I have some books.

  我有一些書。

  (說明) 句中的「some」是形容詞功能，形容名詞「books」，這是本單元主題。

一、「很多」、「一些」、「很少」、「任何」、「沒」當形容詞時的用法

（一）很多　習題解答（一）

◈ 「a lot of」＝「lots of」，是「很多」的祖先，可接可數名詞複數形和不可數名詞。

- a lot of books = lots of books　很多書
- a lot of water = lots of water　很多水

(說明) 「water（水）」是不可數名詞，既然不可數就不能有複數形，不能有s
尾。

◈ 「a lot of、lots of（很多）」的子孫分成「many」和「much」二派。

- many books　很多書

  (說明) 「many」只能接可數名詞複數形。

- much water　很多水

  (說明) 「much」只能接不可數名詞。

（二）一些　習題解答（二）

◈ 「some」是「一些」的祖先，也是可接可數名詞複數形和不可數名
詞。

- some books　一些書
- some water　一些水

◈ 「some（一些）」的子孫分成「a few」和「a little」二派。

- a few books　一些書

  (說明) 「a few」只能接可數名詞複數形。

- a little water　一些水

  (說明) 「a little」只能接不可數名詞。

（三）很少　習題解答（三）

◈ 「很少」沒有祖先，子孫直接分為「few」和「little」二派。

1. few books　很少的書

  (說明) 「few」只能接可數名詞複數形。

2. little water　少許的水

  (說明) 「little」只能接不可數名詞。

（四）任何　習題解答（四）

◆ 「任何」只有祖先「any」，沒有子孫，所以沒有分派。

◆ 「any（任何）」肚量最大，什麼都可以接。

- any book　任一書

   （說明）「any」可以接可數名詞單數，此時譯成「任一」較佳。

- any books　任何書

   （說明）「any」可以接可數名詞複數。

- any water　任何水

   （說明）「any」可以接不可數名詞。

（五）沒　習題解答（五）

◆ 「沒（no）」＝「not any」或「not a」，和「any」同系統，只是意思不同。

◆ 「no（沒）」和「any」肚量一樣大，什麼都可以接。

- no book　沒一書

   （說明）「no」可以接可數名詞單數，此時譯成「沒一」較佳。（此時「no book」＝「not a book」）

- no books　沒書

   （說明）「no」可以接可數名詞複數。（此時「no books」＝「not any books」）

- no water　沒水

   （說明）「no」可以接不可數名詞。（此時「no water」＝「not any water」）

※看到「no」的時候，可以看成「not any」或「not a」。當「no」後面接可數名詞單數時，看成「not a」較佳。

二、順便談「a lot」、「a little」

（一）「a lot」（很；非常）　習題解答（六）

◆ 「a lot of books」之中，「a lot of（很多）」是形容詞，形容名詞「books」。若「a lot of」去掉「of」，變成「a lot」，則是副詞，意思是「很；非常」。「a lot」常放在動詞後面，形容動詞，有時候和「very much（非常）」很相似。

- I work a lot.
  我工作　很；非常＝我做很多工作
- Thank you a lot. = Thank you very much.
  謝謝　你　很；非常＝很感謝你

（二）「a little」（有一點）　習題解答（七）

◆ 「a little water」之中，「a little」是形容詞，形容名詞「water」。但是，「a little」也可以擔任副詞，譯成「有一點」。譬如「I am a little fat.（我有點胖。）」句中，「a little」是形容形容詞「fat」，是副詞功能。

※形容動詞、形容詞和其他副詞的叫做副詞。

現學現考・常讀常考

◆ 考前要先複習並在每頁左上角或右上角簽上日期記錄。

◆ 請以口測優先，多做口測，再筆測。測驗日期、測驗結果考官都要記錄。

◆ 不論口測、筆測、自測、師測或家長測，一定要測到熟透方可。

◆ 答案區在教材中，以習題解答（一）、習題解答（二）……等標示。

（一）「很多」：

　1.「很多」的祖先是什麼？它可以接什麼樣的名詞？（請以書和水說明）

　2.「很多」的子孫分成哪二派？它們各可以接什麼樣的名詞？（請以書和水說明）

（二）「一些」：

　1.「一些」的祖先是什麼？它可以接什麼樣的名詞？（請以書和水說明）

　2.「一些」的子孫分成哪二派？它們各可以接什麼樣的名詞？（請以書和水說明）

（三）「很少」沒有祖先，子孫直接分為哪二派？它們各可以接什麼樣的名詞？（請以書和水說明）

（四）「任何」：

　1.「任何」只有祖先，英文怎麼說？

　2.「任何」肚量最大，什麼都可以接，請說出下列中文的英文。

| (1) 任一書 | (2) 任何書 | (3) 任何水 |

（五）「沒」：

　1. 「沒」英文怎麼說？和「沒」同系統只是意思不同的是什麼？

　2. 「沒」肚量也很大，什麼都可以接，請說出下列中文的英文。

| (1) 沒一書 | (2) 沒書 | (3) 沒水 |

（六）「a lot」：

　1. 「a lot」是什麼詞類？是什麼意思？

　2. 請將下列二個句子翻成英文。

| (1) 我做很多工作 | (2) 很感謝你 |

（七）「a little」：

　1. 「a little」也可當副詞，是什麼意思？

　2. 請將「我有點胖」翻成英文。

特別比較「some（一些）」和「any（任何）」（七年級）

一、「some（一些）」與「any（任何）」的常見用法

（一）「some（一些）」常用於肯定句

- There is a book. 有一本書。
- There are two books. 有二本書。
- There are many books. 有很多書。
- There are some books. 有一些書。 習題解答（一）1

（二）「any（任何）」常用於否定句和疑問句

1. 否定句

- There is not a book. 沒有一本書。
- There are not two books. 沒有二本書。
- There are not many books. 沒有很多書。
- There are not any books. 沒有任何書。 習題解答（一）2

　　（正式常譯成「沒有書。」）

2. 疑問句

- Is there a books? 有一本書嗎？
- Are there two books? 有二本書嗎？
- Are there many books? 有很多書嗎？
- Are there any books? 有任何書嗎？ 習題解答（一）3

　　（正式常譯成「有書嗎？」）

說明 注意英文習慣，當否定句和疑問句中沒有明確的「a」、「two」、「many」等表示數量的字詞時，常主動補上「any（任何）」，所以不要寫成「There are not books.」或「Are there books?」。

二、「some（一些）」與「any（任何）」的特殊用法

（一）疑問句中的「some（一些）」

- Do you want <u>some</u> coffee? 你要杯咖啡嗎？ 習題解答（一）4
- Will you give me <u>some</u> bread? 請給我一些麵包好嗎？ 習題解答（一）5

說明 這二個例句是疑問句，沒用「any」而用「some」的原因是，講這句話的人希望聽話的人能做「肯定」的回答，才會用一向只用於肯定句的「some」。

（二）肯定句中的「any（任何）」

- <u>Any</u> boy can do that. 任何男孩都能做那個。 習題解答（一）6

說明 按照文法規定，「any」用在否定句和疑問句，這個例句是肯定句，但為什麼能用「any（任何）」呢？其答案很簡單，語文是活的，不是死板的，當我們想講一句肯定句，但想表達出「任何」的意思，當然就要用「any」，怎麼可以死死板板說，「any」只能用於否定句和疑問句，不是嗎？所以，英文是要活讀的。

現學現考・常讀常考

◈ 考前要先複習並在每頁左上角或右上角簽上日期記錄。

◈ 請以口測優先，多做口測，再筆測。測驗日期、測驗結果考官都要記錄。

◈ 不論口測、筆測、自測、師測或家長測，一定要測到熟透方可。

◈ 答案區在教材中，以習題解答（一）、習題解答（二）……等標示。

（一）請將下列句子翻成英文。

1. 有一些書。	2. 沒有書。
3. 有書嗎？	4. 你要杯咖啡嗎？
5. 請給我一些麵包好嗎？	6. 任何男孩都能做那個。

Chapter ❷

第二篇

動詞

第1單元 動詞（七、八、九年級）

一、動詞的定義

◈ 動詞是每句話中主詞的動作，是句子的靈魂，沒有動詞就不是真正的句子。習題解答（一）

◈ 學習英文的動詞要建立正確的觀念，要了解「動詞」的定義。英文的「動詞」指的是某人講的一句話中主詞的動作。而主詞的動作要發生在什麼時空、做什麼樣的動作方式，則看「講句子的人」想表達什麼意思而定。所以看一個句子或聽一句話都要隨時提高警覺，注意「講句子的人」要表達什麼，才能進入句子的情境，深入了解它的意思。

二、英文動詞的分類　習題解答（二）

◈ 英文的動詞基本上分為二大類。

（一）表達狀態的be動詞

◈ 譬如：「am」、「are」、「is」、「was」、「were」等叫做be動詞，be動詞常譯成「是」。

（二）表達動作的一般動詞

◈ 譬如：「吃（eat）」。

三、英文動詞的型態與用途

◈ 英文的的每一個動詞本身就有好幾個樣子，且各有其用途。

（一）原形動詞　習題解答（三）1

◈ 動詞最初的樣子是「原形」，也就是原來的樣子，文法上稱為「原形動詞」。

1. be動詞：「am」、「are」、「is」、「was」、「were」等字的原形就是「be」這個字。

2. 一般動詞：以「吃（eat）」為例，它的原形就是「eat」這個字。

（二）現在簡單式

◈ be動詞的現在簡單式分為三種樣子，一般動詞的現在簡單式分為二種樣子。其中，主詞是三單時，它所使用的動詞現在簡單式很特別，都有s尾，作者特別編了口訣輔助學習：「三單偏愛s尾」。習題解答（三）4

1. be動詞：「我是（I am）」、「你是（you are）」、「他是（he is）」，共分「am」、「are」、「is」三種樣子。其中，三單的「he」所用的「is」就有s尾。習題解答（三）2

2. 一般動詞：以「吃（eat）」為例，「我吃（I eat）」、「你吃（you eat）」、「他吃（he eats）」，共分「eat」和「eats」二種樣子。其中，三單的「he」所用的「eats」就有s尾。習題解答（三）3

（三）動詞三態

◈ 英文文法上有個名稱叫做「動詞三態」，指的是動詞的原形、過去簡
單式和過去分詞。動詞三態各有其用途，在此只先簡介三態的樣子，
詳細可參考本書第二篇第3單元。習題解答（三）5

1. be動詞：原形「be」、過去簡單式「was」或「were」、過去分詞
「been」。

2. 一般動詞：以「吃（eat）」為例，原形「eat」、過去簡單式
「ate」、過去分詞「eaten」。

（四）「Ving」（現在分詞、動名詞）

◈ 動詞最後一個樣子就是字尾有ing，我們用「Ving」代表。「Ving」可
以稱為現在分詞，也可以稱為動名詞。習題解答（三）6

1. be動詞：be動詞的現在分詞和動名詞是「being」。

2. 一般動詞：以「吃（eat）」為例，「eat」的現在分詞和動名詞是
「eating」。

四、結論

◈ 英文動詞的五種樣子整理如下表。習題解答（三）7

動詞種類	原形	現在 簡單式	過去 簡單式	過去 分詞	現在分詞 動名詞
be動詞	be	am、are、is	was、were	been	being
一般動詞（eat）	eat	eat、eats	ate	eaten	eating

說明 動詞的原形、過去簡單式和過去分詞，在文法上稱為「動詞三態」。

說明 動詞+ing有二種稱呼，一叫現在分詞，二叫動名詞。

說明 英語的動詞世界因為有了這五種樣子而產生各種動作形式和變化。

「to V」與「Ving」　習題解答（四）

◈ 讀英文的動詞要習慣二個符號「to V」和「Ving」。「to V」叫做不定詞片語，「Ving」叫做現在分詞或動名詞。

1. 「to V」（不定詞片語）

◈ 英文有個習慣，當一個動詞後面要接另一個動詞（動作）時，後面的動詞前要先加上不定詞「to」，「to」和後面的動詞以「to V」來表示，V代表動詞。「to V」在文法上叫做不定詞片語，「to」後面接的動詞須是原形動詞。

2. 「Ving」（現在分詞、動名詞）

◈ 動詞＋ing（簡記成Ving）有兩種稱呼，一叫現在分詞、二叫動名詞。動名詞就是名詞，只是有動作味道的名詞，既然是名詞就可以當主詞、受詞或補語。另外，動名詞或動名詞片語代表的是一件事。

3. 動詞＋ing的方法：

(1) 一般的動詞，直接＋ing，譬如：吃eat ⇒ eating。

(2) 字尾是「子音＋母音＋子音」的，要重複最後一個子音再＋ing，譬如：跑run ⇒ running。

(3) 字尾是「子音＋母音＋子音＋e」的，要「去e再＋ing」，譬如：製作make ⇒ making。

(4) 字尾是e且不發音的，要「去e再＋ing」，譬如：跳舞dance ⇒ dancing。

(5) 字尾是ie的，要「將ie改成y再＋ing」，譬如：死die ⇒ dying（垂死的）。

現學現考・常讀常考

◇ 考前要先複習並在每頁左上角或右上角簽上日期記錄。

◇ 請以口測優先，多做口測，再筆測。測驗日期、測驗結果考官都要記錄。

◇ 不論口測、筆測、自測、師測或家長測，一定要測到熟透方可。

◇ 答案區在教材中，以習題解答（一）、習題解答（二）……等標示。

（一）動詞指的是什麼？

（二）英文的動詞基本上分為哪二類？

（三）動詞的型態與用途：

1. 動詞最初的樣子文法上叫做什麼？請用be動詞和一般動詞「eat」舉例說明。

2. be動詞的現在簡單式分為哪三種？

3. 一般動詞「eat」的現在簡單式分為哪二種？

4. 主詞是三單時，它所使用的動詞現在簡單式有什麼特別的地方？作者特別編了什麼口訣來輔助學習？

5. 動詞三態指的是哪三態？請用be動詞和一般動詞「eat」舉例說明。

6. 動詞最後一種樣子，我們用「Ving」代表，請問「Ving」有哪二種稱呼？

7. 請用be動詞和一般動詞「eat」舉例說明英文動詞的各種樣子。

（四）請說明「to V」和「Ving」二個符號的意思，並說明動詞＋ing的方法。

一、助動詞的定義與個性

◈ 助動詞是幫助動詞表達不同口氣的字。習題解答（一）

- I run. 我跑。

  ⇒ I will run. 我將跑。

  (說明) 加上助動詞「will（將）」，變成「I will run.（我將跑）」。

◈ 英文文法規定，任何句子若加上助動詞，本動詞一定要用原形。習題
解答（二）

- He runs. 他跑。

  ⇒ He will run. 他將跑。

  (說明) 句中有助動詞「will（將）」之後，動詞要改原形「run」，不能用
  「runs」。

◈ 「be」這個字是所有be動詞的原形、祖先。請唸熟作者編的口訣：
「am」、「are」、「is」、「was」、「were」，原形「be」。

- He is a teacher. 他是一位老師。

  ⇒ He will be a teacher. 他將是一位老師。

  (說明) 句中有助動詞「will」之後，所有的be動詞（包括「am」、「are」、
  「is」等）都要改用它們的原形「be」這個字。

二、助動詞do系列（do、does、過去式did）

◈ 「do」當一般動詞時有很多意思，最常見的是「做」。但是「do」當助動詞時沒有意思，「don't」、「doesn't」、「didn't」等否定意思則譯成「沒、不、別」。習題解答（三）1

◈ 助動詞「do」是主詞第一人稱、第二人稱和三複（第三人稱複數）使用。「does」是主詞三單（第三人稱單數）使用。過去式「did」則是所有人稱都通用。習題解答（三）2

（一）do系列的否定　　習題解答（三）3

時態	do系列的肯定		do系列的否定		適用人稱
現在式	do	（沒意思）	do not = don't	（沒、不、別）	第一、二人稱 第三人稱複數
現在式	does	（沒意思）	does not = doesn't	（沒、不、別）	第三人稱單數
過去式	did	（沒意思）	did not = didn't	（沒、不、別）	所有人稱

（二）do系列的一般用法　　習題解答（三）4

• You play basketball. 你打籃球。

⇒ Do you play basketball? 你打籃球嗎？

（說明）　一般動詞（譬如本句的「play」）的肯定句改疑問句時，若沒有其他助動詞，就要在前面補上do系列助動詞（do、does、did）。本句主詞是「you」，助動詞要選用「do」。「do」在句中擔任助動詞，所以沒有意思。

- He plays basketball. 他打籃球。

    ⇒ Does he play basketball? 他打籃球嗎？

    (說明) 本句主詞是「he」，是三單，助動詞要用「does」。句子加上助動詞後，本動詞「plays」要改成原形動詞「play」。

- He plays basketball. 他打籃球。

    ⇒ He doesn't play basketball. 他沒打籃球。

    (說明) 一般動詞的句子改成否定句時，若沒有其他助動詞，就要補上do系列的否定（don't、doesn't、didn't），譯成「沒、不、別」。本句主詞是「he」，是三單，否定助動詞要用「doesn't」。句子加上助動詞後，本動詞「plays」要改成原形動詞「play」。

- You are sad. 你很傷心。

    ⇒ Don't be sad. 不要傷心。

    (說明) 助動詞do系列用在be動詞的句子時，大多是用在命令句和祈使句，而且只使用否定助動詞「don't」。上列例句中，因為加入助動詞「don't」，原來的be動詞「are」要改成原形動詞「be」。

（三）do系列的特別用法　習題解答（三）4

- You play basketball, don't you? 你打籃球，是嗎？

    (說明) 這是助動詞do系列用在附加問句（「是嗎？」、「不是嗎？」、「對吧？」）的例句。「附加問句」的詳細說明可參考本書第四篇第5單元。

三、助動詞will系列（will、過去式would）

◆ 「will」常譯成「將」，以現代英語而言，所有人稱都可以用，而且常使用縮寫：「I will」＝「I'll」，「You will」＝「You'll」，「He will」＝「He'll」。「will」的過去式是「would」，縮寫方式：「I would」＝「I'd」，「You would」＝「You'd」，「he would」＝「he'd」。習題解答（四）1

◆ 「will」也可用「be going to」代替，譬如「I will」＝「I am going to」。不論用「will」或「be going to」，後面接的動詞都要用原形，因為「will」是助動詞，「be going to」的「to」是不定詞，兩者都要接原形動詞。習題解答（四）2

（一）will系列的否定　　習題解答（四）3

時態	will系列的肯定		will系列的否定	適用人稱
現在式	will	（將、願意、可以）	will not = won't	所有人稱
過去式	would	（將、願意、可以、希望）	would not = wouldn't	所有人稱

（二）will系列的一般用法　　習題解答（四）4

• You will play basketball. 你將打籃球。

　⇒ Will you play basketball? 你將打籃球嗎？

　(說明) 句中若有助動詞「will」，改疑問句時「will」要放前面。

• You are going to play basketball. 你將打籃球。

⇒ Are you going to play basketball? 你將打籃球嗎？

說明 「be going to」也代表「將」，若是改疑問句，be動詞要放前面。

• You are a teacher. 你是一位老師。

⇒ You will be a teacher. 你將是一位老師。

⇒ Will you be a teacher? 你將是一位老師嗎？

說明 be動詞的句子若加上助動詞，任何be動詞，包括「am」、「are」、「is」等都要變原形「be」。若是改疑問句，「will」要放前面。

（三）will系列的特別用法　習題解答（四）5

• Will you open the door? 你可以打開門嗎？

• Would you open the door? 你可以打開門嗎？

說明 「Will you...?」、「Would you...?」或「Will you please...?」、「Would you please...?」，都可以用來表示「……好嗎？」或「請……好嗎？」。其中用「would」比用「will」更客氣，若再加「please」又更為客氣。

• Would you like...?

= Do you want...? 你想要……嗎？

• I would like

= I'd like =I want 我想要……

• He will play basketball, won't he? 他將打籃球，對吧？

說明 這是助動詞「will」用在附加問句（「是嗎？」、「不是嗎？」、「對吧？」）的例句。「附加問句」的詳細說明可參考本書第四篇第5單元。

• Let's play basketball, will you? 我們去打籃球，好嗎？

說明 「Let's play basketball!（我們去打籃球吧！）」是屬於命令句、祈使句的一種，若加上附加問句，可用「will you」或「shall we」，意思都是「好嗎？」。「附加問句」的詳細說明可參考本書第四篇第5單元。

四、助動詞shall系列（shall、過去式should）

◆ 「shall」在以前常譯成「將」，但是現代英語中，「將」大都改用「will」或「be going to」，很少用「shall」。習題解答（五）1

◆ 「shall」這個字，常是講話者在用，主觀意志較強烈，帶有權威、命令的口吻。所以，「shall」的過去式「should」常譯成「應該」。而「shall」若是用在講別人時，也帶有命令、權威的口氣，常譯成「必須」或「一定會」。習題解答（五）2

- You shall obey the law. 你必須遵守法律。　習題解答（五）3
- You shall get a bike. 你一定會得到腳踏車。

（一）shall系列的否定　習題解答（五）4

時態	shall系列的肯定		shall系列的否定	適用人稱
現在式	shall	（將）	shall not = shan't	所有人稱
過去式	should	（應該）	should not = shouldn't	所有人稱

（二）shall系列的一般用法　習題解答（五）5

- Shall I open the door? 我打開門好嗎？
- Shall we open the door? 我們打開門好嗎？

    說明　說來奇妙，「shall」若和「I」或「we」這兩個主觀者，合用在疑問句時，常譯成「……好嗎？」，口氣上會變得無比謙恭。

（三）shall系列的特別用法 習題解答（五）6

- Let's play basketball, shall we? 我們去打籃球，好嗎？

  說明　「Let's play basketball.（我們去打籃球吧。）」是屬於命令句、祈使句的一種，若加上附加問句，可用「will you」或「shall we」，意思都是「好嗎？」。「附加問句」的詳細說明可參考本書第四篇第5單元。

小叮嚀

「將」

◇ 英文的「將」雖然大都使用「will」或「be going to」，但是「shall」仍然有時候是表示「將」的意思，不要偏廢。譬如：「I shall go to school tomorrow.（我明天將去上學）」。但是，作者仍建議，如果上列的句子是你在說、或寫，請用：「I'll go to school tomorrow.」，可以避免用「I shall」或「I will」的困擾。

五、助動詞can系列（can、過去式could）

◆ 「can」常譯成「能、會、可能、可以」，所有人稱都通用。智題解答（六）1

◆ 「can」也可用「be able to」代替，譬如：「I can」＝「I am able to」。不論「I can」或「I am able to」後面接的動詞都要用原形，因為「can」是助動詞，「be able to」的「to」是不定詞，兩者都要接原形動詞。「can」的過去式是「could」，「could」＝「（was、were）able to」；「can」沒有未來式，若要說「將能」，可用「will be able to」代替，不能說「will can」。（「will」和「can」都是助動詞，不能合在一起）智題解答（六）2

（一）can系列的否定　智題解答（六）3

時態	can系列的肯定		can系列的否定	適用人稱
現在式	can	（能、會、可能、可以）	cannot = can't ※不能寫「can not」，很特別，要注意。	所有人稱
過去式	could	（能、會、可能、可以）	could not = couldn't	所有人稱

（二）can系列的一般用法　智題解答（六）4

• Can you dance? 你會跳舞嗎？

（說明）句中若有助動詞「can」，改疑問句時「can」要放前面。本句中，「can」譯成「能、會」。

- The book can be Tom's. 這本書可能是湯姆的。

  (說明) 本句是由「The book is Tom's.」演變來的。句中因有助動詞「can」，be 動詞「is」改用原形動詞「be」。句中，「can」譯成「可能」。

- Can I sit here? 我可以坐在這裡嗎？

  (說明) 本句中，「can」譯成「可以」。

- Could you do this for me? 你可以為我做這個嗎？

  (說明) 本句中，「can」的過去式「could」譯成「可以」。

（三）can系列的特別用法　習題解答（六）5

- You can play basketball, can't you? 你會打籃球，對吧？

  (說明) 這是助動詞「can」用在附加問句（「是嗎？」、「不是嗎？」、「對吧？」）的例句。「附加問句」的詳細說明可參考本書第四篇第5單元。

六、助動詞may系列（may、過去式might）

◆ 「may」常譯成「可以」（表示允許或請求允許），或譯成「可能」。 習題解答（七）1

◆ 「may」的過去式是「might」。 習題解答（七）2

（一）may系列的否定 習題解答（七）3

時態	may系列的肯定		may系列的否定	適用人稱
現在式	may	（可能、可以、願）	may not ※常譯成「可能不」 或「不可以」。	所有人稱
過去式	might	（可能、可以、願）	might not	所有人稱

（二）may系列的一般用法 習題解答（七）4

* May I come in? 我可以進來嗎？

  (說明) 句中若有助動詞「may」，疑問句時「may」要放前面。

* You may sit here. 你可以坐在這裡。（may＝can）

  (說明) 上列例句中，「many」譯成「可以」。

* We may leave tomorrow. 我們可能明天離開。

  (說明) 上列例句中，「may」表示「可能」。

* It's getting late; Tom may not come. 時間漸漸晚了，湯姆可能不來了。

  (說明) 上列例句中，「may not」譯成「可能不」。

* You may not smoke here. 你不可以在這裡抽菸。

  (說明) 上列例句中，「may not」譯成「不可以」。

七、助動詞「must」、助動詞have to系列（have to、has to、過去式had to）

◇「must」常譯成「必須」或「必定」是帶有說話者口氣的字。所有人稱都通用。習題解答（八）1

◇「must」也可以用have to系列取代。have to系列包括「has to（主詞三單用）」、「had to（過去式）」、「will have to（未來式）」等。「must」和have to系列的小小區別是：「must」較主觀，have to系列較客觀。所以have to系列有著「不得不而必須」的味道，「must」則是「必須或必定」的意思，兩者有差別。「must」沒有過去式、未來式，若要表示過去或未來的「必須」，則要用have to系列取代。習題解答（八）2

（一）「must」和have to系列的否定　習題解答（八）3.4

「must」的肯定	「must」的否定
must	must not = mustn't ※常譯成「不可以」（有禁止的意思）， 　說話者主觀意志很強烈。

時態	have to系列的肯定		have to系列的否定		適用人稱
現在式	have to	（必須）	don't have to	（不必）	第一人稱 第二人稱 第三人稱複數
現在式	has to	（必須）	doesn't have to	（不必）	第三人稱單數
過去式	had to	（必須）	didn't have to	（不必）	所有人稱

（二）「must」和have to系列的一般用法　

- 問：Must I do my homework now?　我必須現在做家庭作業嗎？
- 答：Yes, you must.　是的，你必須。
- 答：No, you needn't.　不，你不需要。
- 答：No, you don't have to.　不，你不必。

※不能用「mustn't」，因為「mustn't」是「不可以」，意思不通

（說明）句中若有助動詞「must」改疑問句時，「must」要放前面。

- He must be Tom's father.　他必定是湯姆的父親。

（說明）本句中，「must」譯成「必定」。本句是由「He is Tom's father.」演變來的。因為有助動詞「must」，所以be動詞用原形「be」。

- I must go.　我必須走。
- I have to go.　我（有事、不得不）必須走。

（說明）「must」和「have to」的分別從上二例句可看出來，「must」是講話者意志較強烈的講法，「have to」是一般性講「必須」的口氣。

- You mustn't do it.　你不可以做它。
- You don't have to do it.　你不必做它。

（說明）用「must」時，講話者較主觀、較強烈。所以，否定的「mustn't」也是講話者意志較強烈，帶有權威性、命令性，譯成「不可以」。「don't have to」是一般性講「不必」的口氣。

八、助動詞「need」

◈ 「need」常譯成「需要」，可當助動詞及一般動詞。當助動詞時所有人稱皆通用。習題解答（九）1

（一）「need」的一般用法

1. 「need」在肯定句中是一般動詞，而且是及物動詞。習題解答（九）2

• He needs to go.　他需要走。

（說明）從「needs」後面加不定詞「to」再加動詞「go」看出，「needs」是一般動詞，不是助動詞。

• You need his help.　你需要他的幫忙。

（說明）「need」在肯定句是當動詞，而且是及物動詞，才會接受詞。

2. 「need」在疑問句中可當助動詞或動詞。

(1) 「need」若當助動詞，不但要放在句子前面，而且句中還要有一個原形動詞。

• Need he go?　他需要走嗎？　習題解答（九）3

（說明）從「need」後面接原形動詞「go」，中間沒有不定詞「to」，看出「need」是助動詞。

(2) 「need」若當一般動詞，疑問句前要補上助動詞do系列（do、does、did）。

• Does he need to go?　他需要走嗎？　習題解答（九）4

3. 「need」在否定句中只能當助動詞，「need」的否定是「need not」（沒有縮寫）。若句子中看到「need not」，「need」一定是

擔任助動詞，本動詞要用原形。

- He need not go. 他不需要走。　習題解答（九）5

（二）小結論

1. 「need」在否定句中的「need not」是助動詞。

2. 「need」在疑問句中可當助動詞，也可當一般動詞。

3. 「need」在肯定句只能當一般動詞。

九、助動詞「dare」

◈ 「dare」常譯成「敢」，可當助動詞及一般動詞。當助動詞時所有人稱皆通用。習題解答（十）1

（一）「dare」的一般用法

1. 「dare」在肯定句中是一般動詞，後面大多只接不定詞片語。習題解答（十）2

   • He dares to go. 他敢去。

2. 「dare」在疑問句常當助動詞，所以「dare」要放句子前面，而且句中的動詞要用原形動詞。習題解答（十）3

   • Dare he go? 他敢去嗎？

3. 「dare」在否定句中只能當助動詞，「dare」的否定是「dare not」（沒有縮寫）。句中若有助動詞「dare not」，本動詞要用原形。習題解答（十）4

   • I dare not go out. 我不敢外出。

（二）小結論（「dare」和「need」用途很相近）

1. 「dare」在否定句中的「dare not」是助動詞。

2. 「dare」在疑問句中常當助動詞。

3. 「dare」在肯定句中只能當一般動詞。

十、其他助動詞

◈ 既然是助動詞，句中動詞就要用原形。

（一）「used to」（過去習慣、過去常、過去曾）　習題解答（十一）1

- I <u>used to</u> go there. 我過去常去那裡。
- I <u>used not to</u> go there. 我過去不常去那裡。

  （說明）「used to」的否定是「used not to」，或「didn't use to」。

- <u>Used</u> he <u>to</u> go there?

  = Did he use to go there? 他過去常去哪裡嗎？

  （說明）本例句是助動詞「used to」的疑問句。

（二）「ought to（＝should）」（應該）　習題解答（十一）2

- You <u>ought to</u> do it. 你應該做它。
- You <u>ought not to</u> do it. 你不應該做它。

  （說明）「ought to」的否定是「ought not to」。

- <u>Ought</u> he <u>to</u> do it? 他應該做它嗎？

  （說明）本例句是助動詞「ought to」的疑問句。

（三）「had better」（最好）　習題解答（十一）3

- You <u>had better</u> go.

  = You'd better go. 你最好走。

- You <u>had better not</u> smoke. 你最好不要抽菸。

  （說明）「had better」的否定是「had better not」。

十一、助動詞be系列和have系列 習題解答（十二）

- I am a teacher. 我是一位老師。

  (說明) 本例句中，「am」是本動詞。

- I am teaching English. 我現在正在教英文。

  (說明) 本例句中，「am」＋「teaching」＝現在進行式，「teaching（教）」是本動詞，「am」升格成助動詞。

- I have a book. 我有一本書。

  (說明) 本例句中，「have」是本動詞。

- I have seen him two times. 我已見過他2次。

  (說明) 本例句中，「have」＋過去分詞「seen」＝現在完成式，「seen（看）」是本動詞，「have」升格成助動詞。

◇ 小結論：「be」動詞和「have」也可以擔任助動詞。

現學現考‧常讀常考

◆ 考前要先複習並在每頁左上角或右上角簽上日期記錄。

◆ 請以口測優先，多做口測，再筆測。測驗日期、測驗結果考官都要記錄。

◆ 不論口測、筆測、自測、師測或家長測，一定要測到熟透方可。

◆ 答案區在教材中，以 習題解答（一） 、 習題解答（二） ……等標示。

（一）助動詞是什麼？

（二）英文文法規定，任何句子若加上助動詞，本動詞要改什麼？請用下列句型做說明：「He runs.」⇒「He will run.」，「He is a teacher.」⇒「He will be a teacher.」。「be」這個字是所有be動詞的原形，作者為輔助學習編有什麼口訣？

（三）助動詞do系列（do、does、過去式did）：

1. 「do」當一般動詞時很多意思，最常見的是「做」。但是「do」當助動詞時沒意思，否定「don't」、「doesn't」的意思是什麼？

2. 「do」是誰在用？「does」是誰在用？過去式「did」是誰在用？

3. 「do」的否定是什麼？「does」的否定是什麼？「did」的否定是什麼？

4. 請講出下列句子的英文。

(1) 你打籃球嗎？	(2) 他打籃球嗎？
(3) 他沒打籃球。	(4) 不要傷心。
(5) 你打籃球，是嗎？	

（四）助動詞will系列（will、過去式would）：

1. 「will」常譯成什麼？

2. 「will」也可用什麼代替？「I will」＝「＿＿＿＿」？

3. 「will」的否定是什麼？「would」的否定是什麼？「would」是「will」的什麼？

4. 請講出下列一般用句的英文。

   (1) 你將打籃球嗎？（用「will」和「be going to」）

   (2) 你將是一位老師嗎？（用「will」）

5. 請講出下列特別用句的英文。

   (1) 你可以打開門嗎？（用「will」和「would」）

   (2) 你想要……嗎？

   (3) 我想要……

   (4) 他將打籃球，對吧？

   (5) 我們去打籃球好嗎？

（五）助動詞shall系列（shall、過去式should）：

1. 「shall」在以前常譯成「將」，但是現在英語講「將」大都改用什麼？

2. 「shall」這個字常是講話者在用，主觀意志較強烈，帶有權威命令的口吻。所以「shall」的過去式「should」常譯成什麼？而「shall」若是用在講別人時，也帶有命令權威的口氣，常譯成什麼？

3. 請將下列句子翻成中文。

   (1) You shall obey the law.

   (2) You shall get a bike.

4. 「shall」的否定和「should」的否定是什麼？

5. 「Shall I...?」和「Shall we...?」常譯成什麼？請將下列句子翻成英文。

(1) 我打開門好嗎？	(2) 我們打開門好嗎？

6. 請講出特別用句「我們去打籃球，好嗎？」的英文。

（六）助動詞can系列（can、過去式could）：

1. 「can」常譯成什麼？

2. 「can」可以用什麼代替？譬如「I can」可以等於什麼？

3. 「can」的否定是什麼？「could」的否定是什麼？

4. 請講出下列一般用句的英文。

(1) 你會跳舞嗎？	(2) 這本書可能是湯姆的。
(3) 我可以坐在這裡嗎？	(4) 你可以為我做這個嗎？

5. 請講出特別用句「你會打籃球，對吧？」的英文。

（七）助動詞may系列（may、過去式might）：

1. 「may」常譯成什麼？

2. 「may」的過去式是什麼？

3. 「may」的否定是什麼？常譯成什麼？

4. 請講出下列句子的英文。

(1) 我可以進來嗎？	(2) 你可以坐在這裡。
(3) 我們可能明天離開。	(4) 你不可以在這裡抽菸。
(5) 時間漸漸晚了，湯姆可能不來了。	

（八）助動詞「must」、助動詞have to系列（have to、has to、過去式 had to）：

1. 「must」常譯成什麼？

2. 「must」也可以用什麼系列取代。

3. 「must」的否定是什麼？常譯成什麼？

4. 「have to」系列的否定是什麼？常譯成什麼？

5. 請講出下列句子的英文。

(1) 問：我必須現在做家庭作業嗎？	
答：是的，你必須。	
答：不，你不需要。	
答：不，你不必。	
(2) 他必定是湯姆的父親。	
(3) ① 我必須走。	② 我（有事、不得不）必須走。
(4) ① 你不可以做它。	② 你不必做它。

（九）助動詞「need」：

1. 「need」常譯成什麼？「need」可以當助動詞和什麼詞？

2. 「need」在肯定句中是什麼詞？請講出下列句子的英文。

(1) 他需要走。	(2) 你需要他的幫忙。

3. 「need」若在疑問句，可當助動詞，請講出「他需要走嗎？」的英文。

4. 「need」若在疑問句，也可以當一般動詞，請講出「他需要走嗎？」的英文。

5. 「need」在否定句中只能當助動詞，也就是說，否定句中若看到「need not」，就是助動詞。請講出「他不需要走。」的英文。

（十）助動詞「dare」：

1. 「dare」常譯成什麼？可當助動詞和什麼詞？
2. 若在肯定句中，「dare」是什麼詞？請講出「他敢去。」的英文。
3. 「dare」在疑問句中常是當什麼詞？請講出「他敢去嗎？」的英文。
4. 「dare」在否定句中只能當什麼詞？請講出「我不敢外出。」的英文。

（十一）其他助動詞：

1. 「used to」是什麼意思？請講出下列句子的英文。

(1) 我過去常去那裡。	(2) 我過去不常去那裡。
(3) 他過去常去哪裡嗎？	

2. 「ought to」是什麼意思？請講出下列句子的英文。

(1) 你應該做它。	(2) 你不應該做它。
(3) 他應該做它嗎？	

3. 「had better」是什麼意思？請講出下列句子的英文。

(1) 你最好走。	(2) 你最好不要抽菸。

（十二）請講出下列例句的本動詞，若有助動詞也請說出來。

(1) I am a teacher.	(2) I am teaching English now.
(3) I have a book.	(4) I have seen him two times.

◆ 英文每個動詞都有好幾種樣子，動詞三態是其中三種。動詞三態各有其重要用途，一定要讀熟、記熟。讀熟的方法就是「快唸」。

一、規則型

◆ 規則型的過去式和過去分詞的字尾都是ed。整理如下表。

	原形	過去式	過去分詞	中文
1	play [ple]	played [pled]	played	玩、打球的「打」
2	work [wɜk]	worked [wɜkt]	worked	工作、操作
3	want [wɑnt]	wanted [ˈwɑntɪd]	wanted	想要
4	end [ɛnd]	ended [ˈɛndɪd]	ended	喜歡
5	like [laɪk]	liked [laɪkt]	liked	結束
6	cry [kraɪ]	cried [kraɪd]	cried	哭
7	jog [dʒɑg]	jogged [dʒɑgd]	jogged	慢跑
8	picnic [ˈpɪknɪk]	picnicked [ˈpɪknɪkt]	picnicked	野餐

(說明) 「cry」字尾是子音y，所以先將y改成i再加ed。

(說明) 「jog」是子音＋母音＋子音的結構，要重複最後一個子音才能加ed，變成「jogged」。

(說明) 「picnic」字尾c發 [k]，加k再加ed。

(說明) 一般字尾的ed唸 [d]，氣音（譬如 [k]）後面的ed唸 [t]，ded唸 [dɪd]、ted唸 [tɪd]。

二、不規則AAA型

◈ 不規則AAA型的動詞，三態都相同，此類型動詞的三態很好記，只需快唸即可記熟。整理如下表。

	原形	過去式	過去分詞	中文
1	hit [hɪt]	hit	hit	打
2	shut [ʃʌt]	shut	shut	關上
3	cut [kʌt]	cut	cut	切
4	cost [kɔst]	cost	cost	事（或物）花人多少錢的「花」、要價多少錢的「要價」、值多少錢的「值」
5	put [pʊt]	put	put	放
6	hurt [hɜt]	hurt	hurt	受傷、痛
7	let [lɛt]	let	let	讓
8	read [rid]	※read [rɛd]	read [rɛd]	唸

(說明) 標註※的部分，要特別注意發音。

三、不規則ABB型

（一）字尾變化成d或t

◆ 此類型的不規則ABB型動詞，過去式和過去分詞字尾都會變成d或t，且過去式和過去分詞相同。此類型動詞的三態很好記，只需快唸即可記熟。整理如下表。

	原形	過去式	過去分詞	中文
1	bring [brɪŋ]	brought [brɔt]	brought	帶
2	buy [baɪ]	bought [bɔt]	bought	買
3	think [θɪŋk]	thought [θɔt]	thought	想、認為
4	catch [kætʃ]	caught [kɔt]	caught	捉住、趕上
5	teach [titʃ]	taught [tɔt]	taught	教
6	sit [sɪt]	sat [sæt]	sat	坐
7	meet [mit]	met [mɛt]	met	遇見
8	send [sɛnd]	sent [sɛnt]	sent	送
9	build [bɪld]	built [bɪlt]	built	建、生火的「生」
10	spend [spɛnd]	spent [spɛnt]	spent	人花多少時間、多少錢的「花」
11	lend [lɛnd]	lent [lɛnt]	lent	借出的借
12	lose [luz]	lost [lɔst]	lost	輸掉、失去
13	hear [hɪr]	※heard [hɝd]	heard	聽、聽見
14	have [hæv]	had [hæd]	had	有、吃、舉辦、進行、做

	原形	過去式	過去分詞	中文
15	say [se]	said [sɛd]	said	説
16	pay [pe]	paid [ped]	paid	付
17	lay [le]	laid [led]	laid	放置
18	tell [tɛl]	told [told]	told	告訴
19	sell [sɛl]	sold [sold]	sold	賣
20	make [mek]	made [med]	made	製作、使
21	feel [fil]	felt [fɛlt]	felt	感覺
22	keep [kip]	kept [kɛpt]	kept	保持、繼續
23	sleep [slip]	slept [slɛpt]	slept	睡覺
24	leave [liv]	left [lɛft]	left	離開、遺留
25	spell [spɛl]	spelt [spɛlt] spelled [spɛld]	spelt spelled	拼字的「拼」
26	smell [smɛl]	smelt [smɛlt] smelled [smɛld]	smelt smelled	聞、聞起來
27	burn [bɜn]	burnt [bɜnt] burned [bɜnd]	burnt burned	燃燒
28	dream [drim]	dreamt [drɛmt] dreamed [drimd]	dreamt dreamed	做夢
29	mean [min]	※meant [mɛnt]	meant	意指

說明 標註※的部分，要特別注意發音。

（二）變化中間字母

◈ 此類型的不規則ABB型動詞，過去式和過去分詞相同，但須注意中間字母的變化。此類型動詞的三態很好記，只需快唸即可記熟。整理如下表。

	原形	過去式	過去分詞	中文
1	dig [dɪg]	dug [dʌg]	dug	挖
2	hold [hold]	held [hɛld]	held	握住
3	stand [stænd]	stood [stʊt]	stood	站
4	find [faɪnd]	found [faʊnd]	found	找到、發現
5	get [gɛt]	got [gat]	got	得到、變得
6	forget [fəˈgɛt]	forgot [fəˈgat]	forgot	忘記
7	shoot [ʃut]	shot [ʃat]	shot	射
8	win [wɪn]	won [wʌn]	won	贏
9	shine [ʃaɪn]	shone [ʃon]	shone	照耀、發亮

四、不規則ABA型

◆ 不規則ABA型的動詞，原形和過去分詞相同。此類型動詞的三態很好記，只需快唸即可記熟。整理如下表。

	原形	過去式	過去分詞	中文
1	come [kʌm]	came [kem]	come	來
2	become [bɪˊkʌm]	became [bɪˊkem]	become	變成
3	run [rʌn]	ran [ræn]	run	跑

五、不規則ABC型

◆ 不規則之ABC型的動詞，三態都不相同，過去分詞的字尾常有n或ng（發[n]或[ŋ]的尾音）。此類型動詞的三態很好記，只需快唸即可記熟。整理如下表。

	原形	過去式	過去分詞	中文
1	speak [spik]	spoke [spok]	spoken [spokən]	說
2	break [brek]	broke [brok]	broken [brokən]	打破
3	bear [bɛr]	bore [bor]	born [bɔrn]	出生
4	wear [wɛr]	wore [wor]	worn [worn]	穿、戴
5	write [raɪt]	wrote [rot]	written [ˊrɪtn̩]	寫
6	ride [raɪd]	rode [rod]	ridden [ˊrɪdn̩]	騎
7	rise [raɪz]	rose [roz]	risen [ˊrɪzn̩]	升起
8	drive [draɪv]	drove [drov]	driven [ˊdrɪvən]	駕駛

	原形	過去式	過去分詞	中文
9	wake [wek]	woke [wok] wak<u>ed</u> [wekt]	wok<u>en</u> [ˈwokən] wak<u>ed</u>	醒、醒來
10	get [gɛt]	got [gat] got	gott<u>en</u> [gatn̩] got	得到、變得
11	forget [fəˈgɛt]	forgot [fəˈgat] forgot	forgott<u>en</u> [fəˈgatən] forgot	忘記
12	give [gɪv]	gave [gev]	giv<u>en</u> [gɪvən]	給
13	eat [it]	ate [et]	eat<u>en</u> [ˈitn̩]	吃
14	hide [haɪd]	hid [hɪd]	hidd<u>en</u> [hɪdn̩]	躲藏
15	bite [baɪt]	bit [bɪt]	bitt<u>en</u> [ˈbɪtn̩]	咬
16	fall [fɔl]	fell [fɛl]	fall<u>en</u> [ˈfɔlən]	掉落
17	see [si]	saw [sɔ]	se<u>en</u> [sin]	看見
18	be [bi]	was、were	be<u>en</u> [bɪn]	是
19	go [go]	went [wɛnt]	gon<u>e</u> [gɔn]	去
20	do [du]	did [dɪd]	don<u>e</u> [dʌn]	做、助動詞
21	take [tek]	took [tʊk]	tak<u>en</u> [ˈtekən]	帶走、拿取、事 （或物）花人多 少時間的「花」
22	show [ʃo]	showed showed [ʃod]	show<u>n</u> [ʃon] showed	秀、展示
23	lie [laɪ]	lay [le]	lai<u>n</u> [len]	躺
24	lie [laɪ]	lied [laɪd]	lied [laɪd]	說謊（規則型）

	原形	過去式	過去分詞	中文
25	ring [rɪŋ]	rang [ræŋ]	rung [rʌŋ]	響
26	drink [drɪŋk]	drank [dræŋk]	drunk [drʌŋk]	喝
27	sing [sɪŋ]	sang [sæŋ]	sung [sʌŋ]	唱
28	swim [swɪm]	swam [swæm]	swum [swʌm]	游泳
29	begin [bɪˋgɪn]	began [bɪˋgæn]	begun [bɪˋgʌn]	開始
30	know [no]	knew [nju]	known [non]	知道、認識

第4單元 動詞十二種時態總表（七、八、九年級）

一、動詞時態的「時」與「態」

◆ 動詞時態的「時」是指動作發生的時空，共有現在、過去、未來三種時空。習題解答（一）

◆ 動詞時態的「態」是指動作的方式，共有簡單式、進行式、完成式、完成進行式等四種方式。（本篇第15單元被動語態的被動式也可以列入動作的方式）習題解答（二）

◆ 三種時空，各有四種動作方式，所以共有十二種時態。

二、簡單式　　習題解答（三）

◆ 簡單式依三種時空分為三種簡單式：現在簡單式、過去簡單式、未來簡單式。

三、進行式（正在、正……著）　　習題解答（四）

◆ 進行式由「be系列」＋「Ving（現在分詞）」組成，依三種時空分為三種進行式。

1. 現在進行式由「am、are、is」＋「Ving（現在分詞）」組成。

2. 過去進行式由「was、were」＋「Ving（現在分詞）」組成。

3. 未來進行式由「will be」＋「Ving（現在分詞）」組成。

　　說明 未來進行式因為有加上助動詞「will」，所以be動詞用原形「be」這個字。

四、完成式（曾經、已經、一直） 習題解答（五）

◆ 完成式由「have系列」＋「p.p.（過去分詞）」組成。依三種時空分為三種完成式。

1. 現在完成式由「have、has」＋「p.p.（過去分詞）」組成。

2. 過去完成式由「had」＋「p.p.（過去分詞）」組成。

3. 未來完成式由「will have」＋「p.p.（過去分詞）」組成。

五、完成進行式（已經在、一直在）

◆ 完成進行式由「have been系列」＋「Ving（現在分詞）」組成。依時空分為三種完成進行式。

1. 現在完成進行式由「have been、has been」＋「Ving（現在分詞）」組成。

2. 過去完成進行式由「had been」＋「Ving（現在分詞）」組成。

3. 未來完成進行式由「will have been」＋「Ving（現在分詞）」組成。

> 說明　「have been」是be動詞「am」和「are」的現在完成式；「has been」是be動詞「is」的現在完成式；「had been」是be動詞「was」和「were」的過去完成式。以上be動詞的完成式＋「Ving」（現在分詞）＝完成進行式。

現學現考・常讀常考

◈ 考前要先複習並在每頁左上角或右上角簽上日期記錄。

◈ 請以口測優先,多做口測,再筆測。測驗日期、測驗結果考官都要記錄。

◈ 不論口測、筆測、自測、師測或家長測,一定要測到熟透方可。

◈ 答案區在教材中,以 習題解答（一）、習題解答（二）……等標示。

（一）動詞時態的「時」是指什麼?共分為幾種?

（二）動詞時態的「態」是指什麼?共有幾種?

（三）簡單式依三種時空分為什麼?

（四）進行式:

　　1. 進行式是什麼意思?是由什麼系列和什麼組成的?

　　2. 進行式依三種時空分為哪三種進行式?各由什麼組成?

（五）完成式:

　　1. 完成式是什麼意思?是由什麼系列和什麼組成?

　　2. 完成式依三種時空分為哪三種完成式?各由什麼組成?

第5單元　動詞的現在簡單式（俗稱現在式）（七年級）

一、be動詞和一般動詞的現在簡單式

（一）be動詞的現在簡單式是「am」、「are」、「is」　習題解答（一）

◈「am」是「I（我）」所專用。

- 我是　I am

◈「are」是主詞「you（你）」和三複（第三人稱複數）所用。

- 你是　you are
- 他們是　they are

◈「is」是主詞三單（第三人稱單數）所用。

- 他是　he is
- 這男孩是　the boy is

（二）一般動詞的現在簡單式

◈以「吃（eat）」為例：「我吃（I eat）」，「你吃（you eat）」，「他吃（he eats）」。我們可以看出第三人稱「he」的動詞「is」和「eats」都有s尾，所以作者特別發明了口訣：「三單偏好s尾」。也就是動詞是現在簡單式時，三單的主詞所用的動詞都有s尾。習題解答（二）（三）

◈但是一般動詞有s尾的方式，有分以下幾種狀況：習題解答（四）

1. 一般的字尾，直接＋s，譬如：喜歡like ⇒ likes。

2. 字尾是脆脆音（s [s]、x [ks]）、字尾是絲絲音（sh [ʃ]、ch [tʃ]）、字尾是o的動詞，要＋es，譬如：經過pass ⇒ passes、修理fix ⇒ fixes，洗wash ⇒ washes、觀賞watch ⇒ watches，做do ⇒ does，去go ⇒ goes。

3. 字尾是子音y的，要先將y改成i再＋es，譬如：哭cry ⇒ cries。

4. 其他的例外字，譬如：有have ⇒ has。

二、現在簡單式的意義和使用時機

◆ 現在簡單式表示主詞的動作（或狀態）是在現在時空，不是在過去或未來。

• I am a student. 我（現在）是一位學生。

（說明）be動詞用現在簡單式「am」，表示主詞的動作（或狀態）是在現在時空。

◆ 現在簡單式表示句中主詞的動作，是簡單或平常或習慣性的動作，不必用進行式（正在）、完成式（曾經、已經、一直）或其他動作方式來表示的，用簡單式即可。

• I come here every day. 我每天來這裡。

（說明）動詞「come」用簡單式，表示動作是簡單、平常或習慣的動作。

◆ 如果句中講的主詞，是從以前到今天到未來，任何時刻都不變的真理、格言或事實，就仿若今日、當下之事，用現在簡單式即可。因為，假如我們用過去時空簡單式，則表示過去才那樣；假如我們用進行式，則表示那動作還沒定性、還在進行，都是不適合的。

• The earth is round. 地球是圓的。
• Two and two make four. 2加2等於4。
• Summer comes after spring. 春去夏來。

◆ 有些看似需要用未來簡單式（將）的句子，只要它們是既定的或平常的事，用現在簡單式就可以，不需要特別用未來簡單式（將）來表示。

• Tomorrow is Monday. 明天是星期一。

※不必說：明天將是星期一。

三、動詞現在簡單式的否定

◇ 動詞現在簡單式的否定常譯成「不、沒、別」。 習題解答（六）1

（一）be動詞的否定

◇ be動詞「am」、「are」、「is」的否定，是加上「not」。 習題解答
（六）2

- I am 我是
   ⇒ I am not 我不是
   ⇒ 可縮寫成「I'm not」
- You are 你是
   ⇒ You are not 你不是
   ⇒ 可縮寫成「You're not」或「You aren't」
- He is 他是
   ⇒ He is not 他不是
   ⇒ 可縮寫成「He's not」或「He isn't」

（二）一般動詞的否定

◇ 一般動詞若要表示否定（不、沒、別）的意思時，若句中沒用其他助
動詞（譬如「can」、「may」等），現在簡單式要自動補上do系列的
否定「do not」或「does not」表示否定。注意：否定助動詞也是助動
詞，句中若有助動詞，本動詞要改用原形動詞。 習題解答（六）3

◇ 第一人稱「I」、第二人稱「you」、三複（第三人稱複數）否定助動
詞用「don't」。

- I eat 我吃

⇒ I don't eat　我不吃、我沒吃

• You eat　你吃

⇒ You don't eat　你不吃、你沒吃

◈ 三單（第三人稱單數）否定助動詞用「doesn't」。

• He eats　他吃

⇒ He doesn't eat　他不吃、他沒吃

四、將現在簡單式的肯定句改成疑問句

（一）be動詞的句子　習題解答（七）1

◇ 將「你是一位老師。」改成「你是一位老師嗎？」。

- You are a teacher.　你是一位老師。

  ⇒ Are you a teacher?　你是一位老師嗎？

  （說明）be動詞句子改疑問句時，只要將be動詞「are」移到句首即可。「Are you a teacher?」是一般疑問句。

  （簡答）

  - Yes, I am.　是的，我是。
  - No, I am not.　不，我不是。

  （詳答）

  - Yes, I am a teacher.　是的，我是老師。
  - No, I am not a teacher. I am a student.　不，我不是老師，我是學生。

    ※如果想省時間，也可以說「No, I am a student.（不，我是學生）」。

◇ 將「你不是一位老師。」改成「你不是一位老師嗎？」。

- You are not a teacher.

  = You aren't a teacher.　你不是一位老師。

  ⇒ Are you not a teacher?

  = Aren't you a teacher?　你不是一位老師嗎？

  （說明）改疑問句時，將「are」放句首，或將「aren't」放句首皆可。其中，「Aren't you a teacher?」較常用。「Are you not a teacher?」或「Aren't you a teacher?」英文文法上稱之為「否定疑問句」。

  （回答）本句否定疑問句的回答和上述一般疑問句「Are you a teacher?」的回答相同。

◈ 將「你在哪裡？」譯成英文。

- Where are you? 你在哪裡？

  (說明) 「你在哪裡？」是有疑問詞的疑問句，而且是有be動詞的疑問句，疑問詞「where」要放句首，接著放be動詞。因為主詞是「you」，所以be動詞用「are」。

  (回答)

- I am in the classroom. 我在教室。

（二）一般動詞的句子　習題解答（七）2

※以「打籃球」的現在簡單式「play basketball」為例。

◈ 將「你會打籃球」改成「你會打籃球嗎？」。

- You can play basketball. 你會打籃球。

  ⇒ Can you play basketball? 你會打籃球嗎？

  (說明) 一般動詞的句子改疑問句時，若有助動詞，則將助動詞放句首即可，本句的助動詞是「can（會）」。

  (簡答)

- Yes, I can. 是的，我會。
- No, I can't. 不，我不會。

  (詳答)

- Yes, I can play basketball. 是的，我會打籃球。
- No, I can't play basketball. 不，我不會打籃球。

◈ 將「你打籃球」改成「你打籃球嗎？」。

- You play basketball. 你打籃球。

  ⇒ Do you play basketball? 你打籃球嗎？

一般動詞的句子改疑問句時，若本身沒有助動詞，句首要自動補上助動詞do系列的「do」或「does」，本句主詞是「你（you）」所以助動詞用「do」。

- Yes, I do. 是的，我是。

- No, I don't. 不，我不是。

- Yes, I play basketball. 是的，我打籃球。

- No, I don't play basketball. 不，我不打籃球。

◈ 將「你不打籃球」改成「你不打籃球嗎？」。

- You don't play basketball. 你不打籃球。

  ⇒ Don't you play basketball? 你不打籃球嗎？

  本句話已有否定助動詞「don't」，改疑問句時，將「don't」放句首即可。「Don't you play basketball?」英文文法上稱之為「否定疑問句」。

  否定疑問句的回答和上述一般疑問句「Do you play basketball?」的回答相同。

◈ 將「你在哪裡打籃球？」譯成英文。

- Where do you play basketball? 你在哪裡打籃球？

  「你在哪裡打籃球？」是有疑問詞的疑問句，而且是一般動詞的疑問句，疑問詞「哪裡（where）」要放句首，接著要放助動詞。因為本句沒有其他助動詞，所以改疑問句時一定要自動補上助動詞「do」或「does」，因為主詞是「你」，所以助動詞用「do」，「do」要放在句子的第二位。

  列舉其中一種答法：

- I play basketball in the playground. 我在操場打籃球。

現學現考・常讀常考

◈ 考前要先複習並在每頁左上角或右上角簽上日期記錄。

◈ 請以口測優先，多做口測，再筆測。測驗日期、測驗結果考官都要記錄。

◈ 不論口測、筆測、自測、師測或家長測，一定要測到熟透方可。

◈ 答案區在教材中，以習題解答（一）、習題解答（二）……等標示。

（一）be動詞的現在簡單式是什麼？請說出下列的英文。

| 1. 我是 | 2. 你是；他們是 | 3. 他是；這男孩是 |

（二）一般動詞的現在簡單式，請說出下列的英文。

| 1. 我吃 | 2. 你吃 | 3. 他吃 |

（三）第三人稱的動詞（現在簡單式）有s尾，作者特別發明了什麼口訣？

（四）動詞有s尾的方式，分為三種狀況及例外字，請問下列單字如何改s尾？

| 1. like | 2. pass | 3. fix | 4. wash | 5. watch |
| 6. do | 7. go | 8. cry | 9. have | |

（五）現在簡單式的意義和使用時機：

1. 請以「I am a student.（我是一位學生。）」為例，說明be動詞用現在簡單式「am」表示主詞的動作（或狀態）是在什麼時空？

2. 請以「I come here every day.（我每天來這裡。）」為例，說明動詞「come」用現在簡單式表示主詞的動作是什麼樣的動作？

3. 請以下列句子說明為什麼句中動詞用現在簡單式即可？

(1) The earth is round.　　(2) Two and two make four.

(3) Summer comes after spring.

4. 請以「Tomorrow is Monday.（明天是星期一。）」為例，說明為什麼看似需要用未來式動詞的句子，卻用現在簡單式表示即可？

（六）動詞現在簡單式的否定：

1. 動詞現在簡單式的否定常譯成什麼？

2. be動詞「am」、「are」、「is」的否定是加上什麼？請說出下列的英文。

(1) 我不是　　(2) 你不是　　(3) 他不是

3. 一般動詞若要表示否定（不、沒、別）的意思時，若句中沒用其他助動詞（譬如「can」、「may」等），則現在簡單式要自動補上什麼表示否定？請說出以下英文。

(1) 我不吃（我沒吃）　　(2) 你不吃（你沒吃）

(3) 他不吃（他沒吃）

（七）將現在簡單式的肯定句改成疑問句：

1. 請以下列句子為例，說明be動詞句子改疑問句的方法。

(1) 你是一位老師 ⇒ 你是一位老師嗎？

(2) 你不是一位老師 ⇒ 你不是一位老師嗎？

(3) 你在哪裡？

2. 請以下列句子為例，說明一般動詞的句子改疑問句的方法。

(1) 你會打籃球 ⇒ 你會打籃球嗎？

(2) 你打籃球 ⇒ 你打籃球嗎？

(3) 你不打籃球 ⇒ 你不打籃球嗎？

(4) 你在哪裡打籃球？

第6單元 動詞的過去簡單式（俗稱過去式）（八年級）

一、be動詞和一般動詞的過去簡單式

（一）be動詞的過去簡單式是「was」和「were」（見動詞三態表） 習題解答（一）

◈ 「was」是「I」和三單所用，譬如：「我是（I was）」、「他是（he was）」。「was」是從「is」變來的。

◈ 「were」是「you」和三複所用，譬如：「你是（you were）」、「他們是（they were）」。「were」是從「are」變來的。

（二）一般動詞的過去簡單式 習題解答（二）

◈ 以「吃（eat）」為例，「eat」的過去簡單式是「ate」（見動詞三態表）：「我吃（I ate）」，「你吃（you ate）」，「他吃（he ate）」。

> **說明** 由以上看出，所有人稱所用的過去簡單式都是一樣的字，比現在簡單式還單純。

二、過去簡單式的意義和使用時機

◈ 表示主詞的動作或狀態是在過去（之前）的時空，不是現在或未來。

- I was a student. 我（之前）是一位學生。（現在不是了） 習題解答（三）1

  說明 be動詞用過去簡單式「was」。表示主詞的動作（或狀態）是在過去時空。

◈ 表示主詞的動作方式是簡單或平常或習慣性的動作，不必用進行式（正在）、完成式（曾經、已經、一直）或其他動作方式來表示的，用簡單式即可。

- I came here yesterday. 我昨天來了（來過）這裡。 習題解答（三）2

  說明 「came」是「come」的過去簡單式，表示之前做的一個單純、平常的動作，和現在（當下）毫無關係。

◈ 過去簡單式的句子常搭配襯托過去時空氛圍的一些時間副詞，這些副詞因為是用來形容動詞，具備副詞功能，所以又稱之為「時間副詞」。副詞之所以為「副」就是因為它是插花的功能，只用來襯托或加強某些意思而已，所以句子若拿掉副詞，句子結構還是對的。以下是過去簡單式常搭配的時間副詞。習題解答（四）

1. yesterday（昨天）	2. yesterday night（昨晚）
3. last Saturday（上週六）	4. last weekend（上週末）
5. three days ago（三天前）	6. an hour ago（一小時前）
7. the day before yesterday（前天）	8. before（以前）
9. then（那時）	10. just now（剛才）

- I came here <u>yesterday</u>. 我昨天來了這裡。（時間副詞）

  （說明）本句的「yesterday（昨天）」就是時間副詞。若拿掉「yesterday」，變成「I came here.（我之前來了這裡。）」還是一個完整句子，只是少了「yesterday」的氛圍、情境而已。

◈ 過去簡單式的句子也常搭配襯托過去時空氛圍的介詞片語。這些介詞片語本身就是時間，所以又稱為「時間介片」，而它的功能也是形容動詞的氛圍、情境，也是副詞功能，所以作者稱它為「介片當副」。以下是常用來搭配過去簡單式句子的「時間介片」。

習題解答（五）

1. at that time（在那時）	2. in 1900（在1900年）

- I came here <u>at that time</u>. 我在那時來了這裡。　習題解答（六）1

  （時間介片）

◈ 過去簡單式的句子也常搭配句子型的副詞子句，使襯托的過去時空更詳盡。

- I came here <u>when he was at home</u>. 當他在家時，我來了這裡。　習題解答（六）2

  （副詞子句）

  （說明）有時候，當說話者用時間副詞（譬如「yesterday」）或時間介片（譬如「at that time」）來襯托過去簡單式的句子仍不夠清楚時，就可以改用句子型（有主詞、動詞）的子句來襯托，譬如本例句中的「when he was at home（當他在家時）」就是從屬連接詞「when」所帶的從屬子句。因為這個從屬子句是用來形容主要子句的動詞「came（來）」的時間點，是擔任副詞功能，所以文法上又稱之為副詞子句。習題解答（七）

三、動詞過去簡單式的否定

◆ 動詞過去簡單式的否定常譯成「不、沒、別」。 習題解答（八）1

（一）be動詞「was」、「were」的否定，只加上「not」 習題解答（八）2

- I was 我是
    - ⇒ I was not 我不是
    - ⇒ 可縮寫成「I wasn't」
- You were 你是
    - ⇒ You were not 你不是
    - ⇒ 可縮寫成「You weren't」
- He was 他是
    - ⇒ He was not 他不是
    - ⇒ 可縮寫成「He wasn't」

（二）一般動詞的否定，要用「did not（didn't）」 習題解答（八）3

◆ 一般動詞若要表示否定（不、沒、別）的意思時，若句中沒有其他助動詞（譬如「can」、「may」等）過去簡單式的否定要自動補上do系列的否定「did not」表示否定。「did not」可縮寫成「didn't」。「didn't」也是助動詞，任何句子加上「didn't」後本動詞要改原形。

- I ate 我吃
    - ⇒ I didn't eat 我不吃、我沒吃
- You ate 你吃
    - ⇒ You didn't eat 你不吃、你沒吃
- He ate 他吃
    - ⇒ He didn't eat 他不吃、他沒吃

四、將過去簡單式肯定句改成疑問句

◈ 不論是be動詞的句子，或是一般動詞的句子，過去簡單式肯定句改成疑問句的方式和現在簡單式相同。

（一）be動詞的句子　習題解答（九）1

◈ 將「你去年是一位老師。」改成「你去年是一位老師嗎？」。

- You were a teacher last year. 你去年是一位老師。

  ⇒ Were you a teacher last year? 你去年是一位老師嗎？

  簡答

  - Yes, I was. 是的，我是。
  - No, I wasn't. 不，我不是。

  詳答

  - Yes, I was a teacher last year. 是的，我去年是老師。
  - No, I wasn't a teacher last year. 不，我去年不是老師。

◈ 將「你去年不是一位老師。」改成「你去年不是一位老師嗎？」。

- You weren't a teacher last year. 你去年不是一位老師。

  ⇒ Weren't you a teacher last year? 你去年不是一位老師嗎？

  說明　「Weren't you a teacher last year?」英文文法上稱之為「否定疑問句」。

  回答　本句否定疑問句的回答和上述一般疑問句「Were you a teacher last year?」的回答相同。

◈ 將「昨晚你在哪裡？」譯成英文。

- Where were you last night? 昨晚你在哪裡？

  說明　「昨晚你在哪裡？」是有疑問詞的疑問句，而且是be動詞的疑問句，疑問詞「where」放句首，接著放be動詞，因為主詞是「you（你）」，而

且是「last night（昨夜）」，要用過去簡單式「were」，時間副詞「last night」放最後。

（回答）列舉其中一種答法：

- I was in the classroom last night.　我昨晚在教室。

（二）一般動詞的句子　習題解答（九）2

◆ 將「你昨晚來了這裡。」改成「你昨晚來了這裡嗎？」。

（來的過去式是「came」）

- You came here last night.　你昨晚來了這裡。
    - ⇒ Did you come here last night?　你昨晚來了這裡嗎？

    （說明）一般動詞的句子改疑問句時，若本身沒有助動詞，句首要自動補上助動詞「did」，「did」是所有人稱通用的助動詞。此時，句中有了助動詞，本動詞「came」要改成原形動詞「come」。

    （簡答）

- Yes, I did.　是的。
- No, I didn't.　不，我沒有。

    （詳答）

- Yes, I came here last night.　是的，我昨晚來了這裡。

◆ 將「你昨晚在哪裡跳舞？」譯成英文。

（跳舞的過去式是「danced」）

- Where did you dance last night?　你昨晚在哪裡跳舞？

    （說明）「你昨晚在哪裡跳舞？」是有疑問詞的疑問句，而且是一般動詞的疑問句，疑問詞「where」要放句首，接著要放助動詞。因為本句沒有其他助動詞，所以改疑問句時要自動補上助動詞do系列，本句是過去式，所以用「did」，「did」要放在句子的第二位，昨晚「last night」是時間副

詞，放最後面。最後要記得，有助動詞時，本動詞要用原形動詞。

(回答)

* I danced in my room last night.　我昨晚在我房內跳舞。

小叮嚀

助動詞「do」、「does」、「did」

◈ do系列「do」、「does」、「did」當一般動詞時常譯成「做」，當助動詞時則沒意思。為了加強讀者記憶，「do」、「does」、「did」當助動詞時，作者特意依其音將「do」註成「毒」、「does」註成「打死」、「did」註成「弟得」，爾後若在本書上見到這些字眼，請了解它們就是助動詞的用法。

現學現考・常讀常考

◈ 考前要先複習並在每頁左上角或右上角簽上日期記錄。

◈ 請以口測優先，多做口測，再筆測。測驗日期、測驗結果考官都要記錄。

◈ 不論口測、筆測、自測、師測或家長測，一定要測到熟透方可。

◈ 答案區在教材中，以 習題解答（一）、習題解答（二）……等標示。

（一）be動詞的過去簡單式是什麼？請說出下列的英文。

1. 我是、他是	2. 你是、他們是

（二）一般動詞的過去簡單式，請說出下列的英文。

1. 我吃	2. 你吃	3. 他吃

（三）過去簡單式的意義和使用時機：

1. 請以「I was a student.（我〔之前〕是一位學生。）」為例，說明 be動詞用過去簡單式「was」表示主詞的動作（或狀態）是在什麼時空？

2. 請以「I came here yesterday.（我昨天來過這裡。）」為例，說明動詞「came」用過去簡單式表示主詞的動作是什麼樣的動作？

（四）過去簡單式的句子搭配時間副詞：

1. 過去簡單式的句子常搭配一些時間副詞來襯托過去時空氛圍，為什麼稱之為「時間副詞」？

2. 請講出下列時間副詞的英文。

(1) 昨天	(2) 昨晚	(3) 上週六	(4) 上週末	(5) 三天前
(6) 一小時前	(7) 前天	(8) 以前	(9) 那時	(10) 剛才

（五）過去簡單式的句子搭配時間介詞片語：

1. 過去簡單式的句子也常搭配襯托過去時空氛圍的介詞片語，代表時間的介詞片語又稱為什麼和什麼？

2. 以下是常搭配過去簡單式句子的時間介片，請講出下列的中文。

(1) at that time	(2) in 1900

（六）請講出下列句子的中文，並指出用來搭配過去簡單式句子的時間副詞和時間介片。

1. I came here yesterday.	2. I came here at that time.

（七）過去簡單式的句子若搭配子句襯托時空時，子句會有從屬連接詞帶隊，文法上稱為從屬子句，也稱為副詞子句。請講出「I came here when he was at home.」的中文並指出哪些字是從屬連接詞和它所帶的從屬子句，而這個從屬子句為什麼又可稱為副詞子句？

（八）動詞過去簡單式的否定：

1. 動詞過去簡單式的否定常譯成什麼？

2. be動詞「was」、「were」的否定是加上什麼？請說出以下英文。

(1) 我不是	(2) 你不是	(3) 他不是

3. 一般動詞若要表示否定（不、沒、別）的意思時，若句中沒有其他助動詞（譬如「can」、「may」等），過去簡單式的否定要自動

補上什麼表示否定？請說出以下英文。

(1) 我不吃	(2) 你不吃	(3) 他不吃

（九）將過去簡單式的肯定句改成疑問句：

1. 請以下列句子為例，說明be動詞句子改疑問句的方法。

(1) 你去年是一位老師 ⇒ 你去年是一位老師嗎？

(2) 你去年不是一位老師 ⇒ 你去年不是一位老師嗎？

(3) 昨晚你在哪裡？

2. 請以下列句子為例，說明一般動詞的句子改疑問句的方法。

(1) 你昨晚來了這裡 ⇒ 你昨晚來了這裡嗎？

(2) 你昨晚在哪裡跳舞？

第7單元　動詞的未來簡單式（俗稱未來式）（九年級）

◇ 作者再次提醒，讀或聽句子時，要注意說話者講的主角是什麼、動作的時空是什麼、動作的方式是什麼。自己要寫或講句子時，則要想清楚所講的主角是什麼、動作的時空要用什麼、動作的方式是什麼。

一、be動詞和一般動詞的未來簡單式

（一）be動詞的未來簡單式常譯成「將是」，有二種表達方式

1. 助動詞「will（將）」＋「be」　習題解答（二）1

   • I will be　我將是

   　　⇒ 可縮寫成「I'll be」

   • You will be　你將是

   　　⇒ 可縮寫成「You'll be」

   • He will be　他將是

   　　⇒ 可縮寫成「He'll be」

   > 說明　「我是（I am）」，若加上助動詞「will」，「am」要變原形「be」，所以「我將是」要說「I will be」，這就是「I will be」的來源。

2. 「am going to、are going to、is going to（將）」＋「be」
   習題解答（二）2

   • I am going to be　我將是

   • You are going to be　你將是

- He <u>is going to</u> be 他將是

> (說明) 「am going to」、「are going to」、「is going to」等於「will」。其中，「to」是不定詞，後面要接動詞原形，所以接原形「be」。

（二）一般動詞的未來簡單式（將），也有二種表達方式（以「eat」為例）

1. 助動詞「will（將）」＋原形動詞「eat」 習題解答（三）1

- I will eat 我將吃

  ⇒ 可縮寫成「I'll eat」

- You will eat 你將吃

  ⇒ 可縮寫成「You'll eat」

- He will eat 他將吃

  ⇒ 可縮寫成「He'll eat」

2. 「am going to、are going to、is going to」（將）＋原形動詞「eat」

   習題解答（三）2

- I <u>am going to</u> eat 我將吃
- You <u>are going to</u> eat 你將吃
- He <u>is going to</u> eat 他將吃

二、未來簡單式的意義和使用時機

◈ 主詞的動作或狀態是在未來時空（譬如「tomorrow（明天）」），所以常有「將」的意思。習題解答（一）

◈ 主詞動作的方式是最簡單、平常的方式，不是進行式（正在）、完成式（曾經、已經、一直）或其他動作方式。

◈ 未來簡單式（將）的句子常搭配襯托未來時空、情境的時間副詞。以下是常搭配的時間副詞。習題解答（六）1

1. later（稍後）	2. two weeks later（二週後）
3. tomorrow（明天）	4. tomorrow morning（明天早晨）
5. the day after tomorrow（後天）	6. tonight（今夜）
7. this evening（今晚）	8. this Sunday（本週六）
9. next Sunday（下週六）	10. soon（不久）

• I will play basketball tomorrow. 我明天將打籃球。

◈ 未來簡單式（將）的句子也常搭配襯托未來時空、情境的時間介片。以下是常搭配的時間介片。習題解答（六）2

1. in two days（兩天後）	2. from now on（從現在開始）
3. in the future（在未來）	4. in the near future（在不久的將來）

• I don't know what will happen in the future.
  我不知道將來會發生什麼事情。

◈ 未來簡單式（將）的句子也可依想表達的意思搭配副詞子句。

• I will play basketball before Mom comes back. 習題解答（七）1
  連接詞　　（副詞子句）

  在媽媽回來之前，我將打籃球。

  ※before在……之前

◆ 英文要活讀、勿死板。只要能襯托未來簡單式（將）的字詞，就算只是普通副詞也可以用，不是時間副詞、時間介片或副詞子句也無關，舉例如下。

- What will we do next?　習題解答（七）2

  什麼　將 我們做 下次

  ＝我們下次將做什麼？

  (說明) 句中的「next」雖然是普通的副詞，但也可以襯托未來的時空，所以句子的動詞用未來式。

三、未來簡單式的否定（將不）　　習題解答（四）

- I will not eat

  = I won't eat

  = I am not going to eat　我將不吃

四、將未來簡單式的肯定句改疑問句　　習題解答（五）

◆ 將「你將去打籃球。」改成「你將去打籃球嗎？」。

- You will play basketball.

  ⇒ Will you play basketball?　（助動詞「will」移到句首即可）

- You are going to play basketball.

  ⇒ Are you going to play basketball?　（be動詞「are」移到句首即可）

  (說明) 「你將去打籃球。」有二種表示法，改疑問句方法也就有二種

◆ 將「你將在何時打籃球？」譯成英文。

- When will you play basketball?

- When are you going to play basketball?

説明 本疑問句有疑問詞，則將疑問詞「when」放句首。

回答 列舉其中一種答法：

- I will play basketball later.

 = I am going to play basketball later.　我將在稍後打籃球。

五、現在簡單式可以代替未來簡單式

◇ 注意英文的習慣，下列動詞：「start（出發）」、「leave（離開）」、「come（來）」、「go（去）」、「arrive（到達）」和時間副詞連用時，其現在簡單式可代替未來簡單式，也就是本來要用「will（將）」的句子，只要用現在簡單式即可表示「未來」的味道。習題解答（八）

- They will arrive tomorrow.

 ⇒ They arrive tomorrow.　他們明天到。

 説明 這句話的口氣應該是未來簡單式，本來應該要用到助動詞「will」，但是動詞是「arrive」，我們只需要用現在簡單式。

六、「will」的常見句型

◇ 下列有關「will（將）」的句型常出現，請多注意這些句型的來源。

- There is a book.　有一本書。　習題解答（九）

 ⇒ There will be a book.　將有一本書。

 ⇒ There is going to be a book.　將有一本書。

 説明 本句若加上助動詞「will」，be動詞「is」要改成原形「be」。另外，「will」也可以用「am going to」、「are going to」、「is going to」取代。

現學現考 · 常讀常考

◈ 考前要先複習並在每頁左上角或右上角簽上日期記錄。

◈ 請以口測優先，多做口測，再筆測。測驗日期、測驗結果考官都要記錄。

◈ 不論口測、筆測、自測、師測或家長測，一定要測到熟透方可。

◈ 答案區在教材中，以習題解答（一）、習題解答（二）……等標示。

（一）動詞的未來簡單式是什麼？

（二）請用be動詞的未來簡單式說出下列的英文。

　　1.（用「will」）

(1) 我將是	(2) 你將是	(3) 他將是

　　2.（用「be going to」）

(1) 我將是	(2) 你將是	(3) 他將是

（三）請用一般動詞的未來簡單式說出下列的英文。

　　1.（用「will」）

(1) 我將吃	(2) 你將吃	(3) 他將吃

　　2.（用「be going to」）

(1) 我將吃	(2) 你將吃	(3) 他將吃

（四）請分別使用「will」和「be going to」的未來簡單式否定，說出「我將不吃」的英文。

（五）請分別使用「will」和「be going to」，將下列未來簡單式的肯定句改成疑問句並講出英文。

1. 你將去打籃球 ⇒ 你將去打籃球嗎？

2. 你將在何時打籃球？

（六）未來簡單式（將）的句子常搭配襯托未來時空、情境的時間副詞或時間介詞片語，請講出下列字詞的英文。

1. 時間副詞

(1) 稍後	(2) 二週後	(3) 明天	(4) 明天早晨	(5) 後天
(6) 今夜	(7) 今晚	(8) 本週六	(9) 下週六	(10) 不久

2. 時間介詞片語

(1) 兩天後	(2) 從現在開始	(3) 在未來	(4) 在不久的將來

（七）未來簡單式的句子搭配副詞子句：

1. 請講出「I will play basketball before Mom comes back.」的中文，並說出哪些字是連接詞和它所帶的副詞子句？

2. 請講出「What will we do next?」的中文，並指出哪一個字是副詞，它襯托出動詞在未來時空？

（八）注意英文習慣，以下動詞若和時間副詞連用時，其現在簡單式可以代替未來簡單式，請講出這些動詞的英文。

1. 出發	2. 離開	3. 來	4. 去	5. 到達

（九）請講出「有一本書。⇒ 將有一本書。」的英文。

第8單元 動詞的現在進行式（七年級）

◈ 動詞＋ing（Ving）有二種稱呼，一叫現在分詞、二叫動名詞，動名詞就是名詞，只是有動作味道的動名詞。既然是名詞，就可以當主詞、受詞或補語。動名詞或動名詞片語代表的是「一件事」。本單元學的「Ving」是現在分詞，不是動名詞。習題解答（一）1

◈ 動詞＋ing的方法：習題解答（一）2

1. 一般的動詞，直接＋ing，譬如：吃eat ⇒ eating。

2. 字尾是「子音＋母音＋子音」的，要重複最後一個子音再＋ing，譬如：跑run ⇒ running。

3. 字尾是「子音＋母音＋子音＋e」的，要「去e再＋ing」，譬如：製作make ⇒ making。

4. 字尾是e且不發音的，要「去e再＋ing」，譬如：跳舞dance ⇒ dancing。

5. 字尾是ie的，要「將ie改成y再＋ing」，譬如：死die ⇒ dying（垂死的）。

一、現在進行式的組成

◈ 進行式是由「be動詞」＋「Ving（現在分詞）」組成，現在進行式則是由「am、are、is」＋「Ving（現在分詞）」組成。它是be動詞和一般動詞結合的方式之一，初學英語者要注意。習題解答（二）2

- I am playing basketball. 我在打籃球。
- You are playing basketball. 你在打籃球。
- He is playing basketball. 他在打籃球。

二、現在進行式的意義和使用時機

◈ 主詞的動作或狀態是在現在時空，不是過去或未來。

◈ 動作的方式是進行式，意思是「正在」或「正……著」，動作的時間需要持續一陣子，比簡單式長。 習題解答（二）1

◈ 現在進行式的句子可以搭配襯托「正在」或「正……著」的時間副詞、時間介片或副詞子句。以下是常搭配的時間副詞。
習題解答（五）1

1. now（現在）	2. recently（最近）
3. these days（這些日子）	4. this week（本週）

- I am dancing now. 我（現）正在跳舞。 習題解答（五）2
- I am reading a book recently. 我最近在讀一本小說。

◈ 現在進行式的句子也可以搭配獨立的一句話（句子），只要適合襯托進行式「正在」或「正……著」就可以。

- It's five o'clock p.m. Mary is cooking. 習題解答（六）
  ＝現在是下午5點鐘， 瑪麗正在煮飯。

  說明 用「It's five o'clock p.m.（現在是下午5點鐘）」這個句子，可以襯托出第二個句子「Mary is cooking.（瑪麗正在煮飯）」使用現在進行式的情境和原由。

◈ 有些字詞也可以突顯出使用現在進行式（正在）的情境及原由。

- Look! Tom is dancing. 看！湯姆正在跳舞。 習題解答（七）
- Listen! Tom is singing. 聽！湯姆正在唱歌。

  (說明) 使用「Look（看）」、「Listen（聽）」這二個動詞時，搭配現在進行式也非常適合。

三、現在進行式的否定句　習題解答（三）

- I am not playing basketball. 我沒在打籃球。

  (說明) 否定只需要在be動詞「am」後面加上「not」即可。

四、現在進行式的疑問句　習題解答（四）

- Are you playing basketball? 你在打籃球嗎？

  (說明) 疑問句只需要把肯定句「You are playing basketball.（你在打籃球。）」的be動詞「are」放到句首即可。

  (簡答)

  - Yes, I am. 是的，我是。
  - No, I am not. 不，我不是。

  (詳答)

  - Yes, I am playing basketball. 是的，我在打籃球。
  - No, I am not playing basketball. 不，我不是在打籃球。

- What are you doing? 你在做什麼？

  (說明) 本疑問句有疑問詞，疑問詞「what」要放句首，接著放be動詞「are」。

  (回答) 列舉其中一種答法：

  - I'm playing basketball. 我正在打籃球。

四、現在簡單式可以代替未來簡單式

◇ 注意英文的習慣，凡是下列動詞：「start（出發）」、「leave（離開）」、「come（來）」、「go（去）」、「arrive（到達）」和時間副詞連用時，其現在進行式可代替未來簡單式，有「即將」的意思，不是「正在」。習題解答（八）

• He is coming next Monday. 他將在下週一來。

◇ 回顧之前，我們在「未來簡單式」單元中也談過，上列動詞的現在簡單式，也可代替未來簡單式，有「將」之含意，和上列動詞的現在進行式同。

◇ 若碰到有些進行式譯成「正在」或「在⋯⋯著」不太順時，可試著譯成「即將」。

五、注意有些不適合用進行式的動詞　習題解答（九）

◇ 「have」譯成「有」時，若用進行式「正在有」不適合。

◇ 「know」譯成「知道」時，若用進行式「正在知道」不適合。

◇ 「think」譯成「認為」時，若用進行式「正在認為」不適合。

◇ 「like」譯成「喜歡」時，若用進行式「正在喜歡」不適合。

◇ 「see（看見）」、「hear（聽）」、「smell（聞）」，則是英文習慣上不用進行式。

現學現考・常讀常考

◆ 考前要先複習並在每頁左上角或右上角簽上日期記錄。

◆ 請以口測優先，多做口測，再筆測。測驗日期、測驗結果考官都要記錄。

◆ 不論口測、筆測、自測、師測或家長測，一定要測到熟透方可。

◆ 答案區在教材中，以習題解答（一）、習題解答（二）……等標示。

（一）動詞＋ing：

　　1. 請說出並解釋動詞＋ing的二種稱呼。

　　2. 請說說動詞＋ing有哪些方法？

（二）現在進行式的意義和組成：

　　1. 動詞的現在進行式表示什麼？

　　2. 進行式是由什麼和什麼組成的？現在進行式是由什麼和什麼組成的？請講出下列句子的英文。

(1) 我正在打籃球。	(2) 你正在打籃球。	(3) 他正在打籃球。

（三）請講出否定句「我沒在打籃球。」的英文。

（四）請講出下列疑問句的英文。

1. 你在打籃球嗎？	2. 你在做什麼？

（五）現在進行式的句子搭配時間副詞：

　　1. 請講出下列時間副詞的英文。

(1) 現在	(2) 最近	(3) 這些日子	(4) 本週

2. 請講出下列句子的英文。

(1) 我現在正在跳舞。 　　　　(2) 我最近在讀一本小說。

（六）請講出「現在是下午5點鐘，瑪麗正在煮飯。」的英文。

（七）請將下列搭配特定字詞的句子翻成英文。

1. 看！湯姆正在跳舞。 　　　　2. 聽！湯姆正在唱歌。

（八）注意英文習慣，以下動詞若和時間副詞連用時，其現在簡單式可
　　　以代替未來簡單式，有「即將」的意思，而不是「正在」，請講
　　　出這些動詞的英文。

1. 出發 　　2. 離開 　　3. 來 　　4. 去 　　5. 到達

（九）說說看有什麼動詞不適合用進行式來表示？

第9單元 動詞的過去進行式（八年級）

一、過去進行式的組成

◈ 過去進行式是由「was、were」＋「Ving（現在分詞）」組成。習題解答（一）2

- I was playing basketball then. 我那時正在打籃球。
- You were playing basketball then. 你那時正在打籃球。
- He was playing basketball then. 他那時正在打籃球。

二、過去進行式的意義和使用時機

◈ 主詞的動作或狀態是在過去（之前）時空，不是在現在或未來。

◈ 主詞動作的方式是進行式，意思是「正在」或「正……著」，動作的時間會持續一陣子，比簡單式還長。習題解答（一）1

◈ 過去進行式的句子可以搭配襯托「過去（之前）某時間正在」的時間副詞，以下是常搭配的時間副詞。習題解答（四）1

1. this morning（今晨）　　　2. last night（昨夜）

3. yesterday evening（昨晚）

- I was playing basketball this morning.
  我今晨在打籃球。 習題解答（四）2

◆ 過去進行式的句子也可以搭配時間介片，以下是常搭配的時間介片。

習題解答（五）1

1. at that time（在那時）　　2. at ten last night（在昨夜10點）

3. from eight to ten last night（昨夜從8點到10點）

- I was watching TV at ten last night.

  昨夜10點我在看電視。　習題解答（五）2

◆ 過去進行式的句子也可以搭配副詞子句或獨立句子，甚至其他字詞。

- I was playing basketball when you called.

我　　正打　　　籃球　　當　你　打電話

　　（過去進行式）　　　　　（過去簡單式）

───── 主要子句 ───── 連接詞－副詞子句─

＝當你打電話時，我正在打籃球。習題解答（六）1

(說明) 上列例句中，「when you called（當你打電話）」就是由連接詞「when（當）」帶的副詞子句，用來襯托主要子句「I was playing basketball」使用過去進行式「was playing（正在打）」的氛圍、情境、時間點。

(說明) 在上列例句中有二個子句，所以有二個動詞。既然有二個動詞，就要注意二個動詞的時空和動作方式的搭配。

　1. 先注意二個動詞的「時空」搭配：從「was playing」和「called」看出，二個動詞的時空都是過去時空。

　2. 至於動作的方式則依實情而定。副詞子句的動詞「called（打電話）」，時間很短，所以用簡單式，而主要子句的動詞「was playing（正在打籃球）」，因為動作較長、要持續一段時間，所以用進行式，都符合實情所需。

- I was playing basketball when Tom was doing his homework.

我　　正打　　　　籃球　　　當　湯姆　　正做　　　　他的功課

（過去進行式）　　　　　　　　　　　　　（過去進行式）

―――――　主要子句　―――――　連接詞―――――　副詞子句　―――――

＝當湯姆在做功課時，我正在打籃球。習題解答（六）2

（說明）上列例句中，「when Tom was doing his homework（當湯姆正做功課）」
是連接詞「when（當）」所帶的副詞子句，用來襯托主要子句「I was
playing basketball.（我正在打籃球）」使用過去進行式「was playing（正
在打）」的情境和原因。

（說明）例句中，副詞子句的動詞本身也是用過去進行式「was doing（正在
做）」，因為「做功課」和「打球」都需要較長時間、要持續一段時
間，所以用進行式。這些都是依實情而定，不必死記。反倒是，主要子
句的動作「was playing」是過去時空，副詞子句的動作「was doing」也
是過去時空，這在文法上是有一定規則的。本書在第三篇「從屬連接詞
及從屬子句」單元中，有主要子句和副詞子句動詞搭配規則的詳細解
說。

◇ 下表先簡述主要子句動詞和副詞子句動詞的「動詞時空」搭配規則。
（連接詞只以「when」為代表）習題解答（七）

「主要子句」動詞時空	連接詞	「副詞子句」動詞時空
現在		現在
過去	「when」 （當）	過去
未來		現在（不是未來）

（說明）主要子句的動詞若是現在時空，副詞子句的動詞也用現在時空。
主要子句的動詞若是過去時空，副詞子句的動詞也用過去時空。
主要子句的動詞若是未來時空，副詞子句的動詞則用現在時空。

三、過去進行式的否定句　習題解答（二）

- I was not playing basketball then. 我那時沒在打籃球。

  (說明) 否定只需要在be動詞「was」後面加上「not」即可。

四、過去進行式的疑問句　習題解答（三）

- Were you playing basketball then? 你那時在打籃球嗎？

  (說明) 疑問句只是把be動詞「were」放句首。

  (簡答)

  - Yes, I was. 是的，我是。
  - No, I wasn't. 不，我不是。

  (詳答)

  - Yes, I was playing basketball then. 是的，我那時在打籃球。
  - No, I was not playing basketball then. 不，我那時不是在打籃球。

- What were you doing then? 你那時在做什麼？

  (說明) 本句是疑問句，疑問詞「What」要放句首，接著放be動詞「were」。

  (回答) 列舉其中一種答法：

  - I was playing basketball then. 我那時在打籃球。

現學現考‧常讀常考

◇ 考前要先複習並在每頁左上角或右上角簽上日期記錄。

◇ 請以口測優先，多做口測，再筆測。測驗日期、測驗結果考官都要記錄。

◇ 不論口測、筆測、自測、師測或家長測，一定要測到熟透方可。

◇ 答案區在教材中，以習題解答（一）、習題解答（二）……等標示。

（一）過去進行式的意義和組成：

　1. 動詞的過去進行式表示什麼？

　2. 過去進行式是由什麼和什麼組成的？請講出下列句子的英文。

(1) 我那時正在打籃球。	(2) 你那時正在打籃球。
(3) 他那時正在打籃球。	

（二）請講出否定句「我那時沒在打籃球。」的英文。

（三）請講出下列疑問句的英文。

1. 你那時在打籃球嗎？	2. 你那時在做什麼？

（四）過去進行式的句子搭配時間副詞：

　1. 請講出下列時間副詞的英文。

(1) 今晨	(2) 昨夜	(3) 昨晚

　2. 請講出「我今晨在打籃球。」的英文。

（五）過去進行式的句子搭配時間介詞片語：

　　1. 請講出下列時間介片的英文。

　　　　(1) 在那時　　　　　　　　　(2) 在昨夜10點

　　　　(3) 昨夜從8點到10點

　　2. 請講出「昨夜10點我在看電視。」的英文。

（六）請將下列搭配副詞子句的例句翻成英文。

1. 當你打電話時，我正在打籃球。

2. 當湯姆在做功課時，我正在打籃球。

（七）請以「when」做連接詞的代表，說說主要子句動詞和副詞子句動
　　　詞的時空搭配規則。

第10單元 動詞的未來進行式（國中未教）

一、未來進行式的代表意義和使用時機

◆ 主詞的動作或狀態是在未來時空，所以有「將」的意思。

◆ 主詞動作的方式是進行式，意思是「正在」或「正……著」，動作的時間會持續一陣子，比簡單式還長。習題解答（一）

◆ 動詞的未來進行式常譯成「將正在」或「將正……著」。

二、未來進行式的組成

◆ 未來進行式由「will be」＋「Ving（現在分詞）」組成，所有人稱都通用。習題解答（二）

- I'll be waiting for you here tomorrow night. 我明晚將在這兒等著你。

    說明 時間副詞「tomorrow night（明晚）」是要襯托「I'll be waiting for you（我將在等你）」使用未來式的情境和原由。說話者用進行式是要表示從明晚某時間之後就在等著，時間要持續一陣子，比簡單式還長，所以用進行式。

現學現考 · 常讀常考

◈ 考前要先複習並在每頁左上角或右上角簽上日期記錄。

◈ 請以口測優先，多做口測，再筆測。測驗日期、測驗結果考官都要記錄。

◈ 不論口測、筆測、自測、師測或家長測，一定要測到熟透方可。

◈ 答案區在教材中，以 習題解答（一） 、 習題解答（二） ……等標示。

（一）動詞的未來進行式表示什麼？

（二）未來進行式是由什麼和什麼組成的？請講出「我明晚將在這兒等著你。」的英文。

第11單元 動詞的現在完成式（九年級）

一、現在完成式的組成

◈ 完成式是由「have系列」＋「p.p.（過去分詞）」組成；現在完成式則是由「have、has」＋「p.p.（過去分詞）」組成，「has」是主詞三單所使用的。習題解答（三）

- I have lived in Taipei for two years. 我已住台北二年。
- He has lived in Taipei for two years. 他已住台北二年。

二、be動詞和一般動詞的現在完成式

（一）be動詞的現在完成式（表示狀態）

- I have been in Taipei for two days.
  我已在台北二天了。

  說明 「have been」是be動詞「am」、「are」的現在完成式；「has been」是be動詞「is」的現在完成式；「had been」是be動詞「was」、「were」的過去完成式。

（二）一般動詞的現在完成式

- I have lived in Taipei for two years.
  我已住台北二天了。

三、現在完成式的意義和使用時機

◆ 主詞的動作或狀態是在現在時空。

◆ 主詞動作的方式是完成式，意思是「曾經」、「已經」、「一直」。
習題解答（一）

◆ 任何完成式的動作幅度都是「從某時間點之前就開始，一直連到該時間點」，而動作則包括「之前到該時間點，有過的經驗、完成的事、相關的動作或狀態」。習題解答（二）

◆ 因為完成式的動作是「之前」已開始做，所以可譯成「曾經」；此外，因為完成式的動作是之前開始做，做到了該時間點，可能已完成某些事情，所以也有「已經」的意思；因為完成式的動作是之前一直到該時間點，所以也有「一直」的意思。

◆ 「現在」完成式的動作幅度，是從現在時空的某時間點之前就開始，一直連到現在的該時間點。

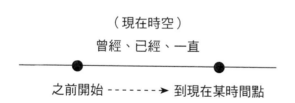

（現在時空）
曾經、已經、一直

之前開始 ------▶ 到現在某時間點

◆ 現在完成式的句子常配備有用來襯托完成式情境（曾經、已經、一直）的時間副詞或其他字詞。

• I have lived in Taipei before. 我以前住過台北。 習題解答（七）1

（說明）「before（以前）」是完成式常配備的時間副詞。

- I have lived in Taipei <u>three times</u>. 我住過台北三次。 習題解答（七）2

  (說明)「three times（三次）」、「many times（很多次）」也是完成式常配備的次數副詞。

- I have <u>ever</u> lived in Taipei. 我曾住過台北。 習題解答（七）3

- I have <u>never</u> lived in Taipei. 我未曾住過台北。 習題解答（七）4

  (說明)「ever（曾）」、「never（未曾、從不）」也是完成式常配備的副詞。

- I have <u>already</u> lived in Taipei. 我已住在台北。 習題解答（七）5

  (說明)「already（已經）」也是完成式常配備的副詞。

- I haven'<u>t</u> lived in Taipei <u>yet</u>. 我尚未住在台北。 習題解答（七）6

  (說明)「yet（到目前為止）」、「not...yet（尚未）」也是完成式常配備的副詞。

◈ 現在完成式的句子也常配備有用來襯托完成式情境（曾經、已經、一直）的時間介詞片語。

- I have lived in Taipei <u>for two years</u>.

  我已住台北二年。 習題解答（八）1

  (說明)介詞「for」＋時間使用時，「for」常譯成「為時」，「for」所帶的介詞片語也是完成式常配備的介片，用來表示完成式的「時間」幅度，如句中的「for two years（為時二年）」。

  ※「for」只是有「為時」的含義，正式翻譯時常不寫出「為時」二字。

- I have lived in Taipei <u>since 2000</u>.

  我自從2000年就一直住台北。 習題解答（八）2

  (說明)「since（自從）」接續受詞時是介詞。「since」所帶的介詞片語也是完成式常配備的介片，用來表示完成式動作的開始點。

◈ 現在完成式的句子也常配備有用來襯托完成式情境（曾經、已經、一直）的副詞子句。

• I have lived in Taipei <u>since</u> I was ten. 習題解答（九）

                               自從 我10歲時

—— 主要子句 —— 連接詞–副詞子句–

＝我自從10歲就已經住在台北。

說明　「since」接子句時是連接詞，「since」＋子句變成副詞子句，也是完成式本身常有的配備，用來表示完成式動作的開始點。注意，「since」帶的副詞子句「since I was ten」中所使用的動詞「was」是過去簡單式，只是表示動作時間較早。

四、現在完成式的否定句

◈ 現在完成式的否定是在「have」或「has」後面加上「not」。

• I have not been to Taipei. 我沒去過台北。　習題解答（四）
• He has not been to Taipei. 他沒去過台北。

◈ 現在完成式的否定也常用副詞「never（從不、未曾）」或「not...yet（尚未、還沒）」來表示。（「yet」是指「尚、還、到目前為止」）

• I have <u>never</u> been there. 我未曾去過那裡。　習題解答（五）
• I <u>haven't</u> visited his home <u>yet</u>. 我尚未去過他家。
• She <u>hasn't</u> visited my school <u>yet</u>. 她還沒來過我們學校。

五、現在完成式的疑問句　　習題解答（六）

◈ 現在完成式的疑問句是將「have」或「has」移到句首。

- Have you eaten dinner yet? 你吃過晚餐沒？

    (說明) 「yet（尚、還、到目前為止）」是襯托完成式（已經）氛圍的副詞。「yet」在完成式句型中只出現在疑問句（如本句）和否定句。否定句中則常以「not... yet（尚未）」搭配出現。

    (簡答)

    - Yes, I have. 是的。
    - No, I haven't. 不，我還沒。

- How long have you lived in Taipei? 你住台北多久了？

    (說明) 「How long（多久）」是完成式問句常搭配的疑問詞片語之一。本句是疑問句，所以疑問詞片語「How long」要放句首，「have（或has）」移到第二位。

    (回答) 列舉其中一種答法：

    - I've lived here for two years.

        = I have lived here for two years. 我已住在這裡2年了。

六、注意下列二句現在完成式的差別

- Have you ever been to Taipei? 你曾去過台北嗎？　習題解答（十）1

    (說明) 用be動詞的完成式是問人家以前的經歷。

- Have you ever gone to Taipei? 你去了台北嗎？　習題解答（十）2

    (說明) 用一般動詞「go（去）」的完成式是問人家當下的動作，它的含意包括下列三種。

    1. 你已動身去台北了嗎？

    2. 你已在台北的途中了嗎？

    3. 你已到了台北了嗎？

現學現考・常讀常考

◇ 考前要先複習並在每頁左上角或右上角簽上日期記錄。

◇ 請以口測優先，多做口測，再筆測。測驗日期、測驗結果考官都要記錄。

◇ 不論口測、筆測、自測、師測或家長測，一定要測到熟透方可。

◇ 答案區在教材中，以習題解答（一）、習題解答（二）……等標示。

（一）動詞的現在完成式表示什麼？

（二）任何現在完成式的動作幅度都是怎樣？

（三）完成式和現在完成式的組成：

　　1. 完成式是由什麼和什麼組成的？

　　2. 現在完成式是由什麼和什麼組成的？請講出下列句子的英文。

| (1) 我已住台北二年。 | (2) 他已住台北二年。 |

（四）請將下列現在完成式的否定句翻成英文。

| 1. 我沒去過台北。 | 2. 他沒去過台北。 |

（五）完成式的否定句常搭配什麼副詞？請講出下列句子的英文。

| 1. 我未曾去過那裡。 | 2. 我尚未去過他家。 |
| 3. 她還沒來過我們學校。 | |

（六）現在完成式的疑問句是將什麼移到前面？請說出下列句子的英文。

| 1. 你吃過晚餐沒？ | 2. 你住台北多久了？ |

（七）請說出下列現在完成式句子的英文，並說出句中配備的時間副詞與其他副詞。

1. 我以前住過台北。	2. 我住過台北三次。
3. 我曾住過台北。	4. 我未曾住過台北。
5. 我已住在台北。	6. 我尚未住在台北。

（八）請說出下列現在完成式句子的英文，並說出句中配備的介詞片語。

1. 我已住台北二年。	2. 我自從2000年就一直住台北。

（九）請說出「我自從10歲就已經住在台北。」的英文，並說出句中配備的副詞子句。

（十）be動詞和一般動詞的現在完成式：

　　1. 請將be動詞的現在完成式句子「你曾去過台北嗎？」翻成英文。（表示狀態）

　　2. 請將一般動詞的現在完成式句子「你去了台北嗎？」翻成英文。

第12單元 動詞的過去完成式（九年級）

一、過去完成式的組成

◈ 過去完成式是由「had」＋「p.p.（過去分詞）」組成，所有人稱通用。習題解答（四）

二、過去完成式的代表意義和使用時機

◈ 主詞的動作或狀態是在過去時空的某時間。習題解答（一）

◈ 主詞動作的方式是完成式。過去完成式的動作幅度是從過去時空的某時間點之前就開始，一直連到該時間點。習題解答（二）

（過去時空）

曾經、已經、一直

之前開始 - - - - - - ➔ 到過去某時間點

◈ 過去完成式和現在完成式一樣譯成「曾經」、「已經」、「一直」，只是過去完成式描述的是「過去時空」的情景。習題解答（三）

◈ 過去完成式和現在完成式一樣，句子也常搭配襯托完成式情境（曾經、已經、一直）的字詞。以下是常搭配的字詞。

1. before（以前）	2. just（剛剛）	3. ever（曾）
4. never（未曾）	5. already（已）	6. not... yet（尚未）

◆ 過去完成式的句子也常搭配襯托完成式情境（曾經、已經、一直）的介詞片語。以下是常搭配的介詞片語。

> 1. for two years（為時2年）：用來表示完成式的「時間」幅度。
>
> 2. since 2000（自從2000年）：用來表示完成式動作的開始點。

◆ 過去完成式和現在完成式一樣，句子也常搭配「since」子句，譬如「since I was ten（自從我10歲）」，也是用來表示完成式動作的開始點。

◆ 過去完成式常會多搭配一個可以襯托出過去時空的副詞子句或獨立句子。（詳見下列第五節）

三、過去完成式的否定　習題解答（五）

◆ 過去完成式的否定，是在「had」後面加上「not」，變成「had not」。

四、過去完成式的疑問句　習題解答（六）

◆ 過去完成式的疑問句，是把「had」放在句首。

五、過去完成式和現在完成式的最大差別　習題解答（七）

◆ 過去完成式的動作時空是在過去，所以過去完成式常會多搭配一個可以襯托出過去時空的副詞子句或獨立句子。現在完成式因為時空是現在，較沒有需要，但是，如有需要表達，也可加入。

- I had <u>already</u> left when Tom arrived here. 習題解答（八）1

　我　　已離開　　　當　湯姆　到達　這裡

　＝當湯姆到達那裡，我已離開。

  (說明) 主要子句「I had already left（我已離開）」中的「already（已）」是完
  成式本身的配備。「when」帶的副詞子句「Tom arrived here（湯姆到達
  這裡）」是多搭配的，它的動詞「arrived」用過去式，目的是襯托出主
  要子句「I had already left（我已離開）」完成式的動作是在過去時空。

- Tom left Taipei in 2000. He had lived there <u>since he was two.</u>

　＝湯姆在2000年離開台北。他從2歲時就一直住在那裡。　習題解答（八）2

  (說明) 「He had lived there since he was two.」是過去完成式的獨立句子。句中，
  「since」帶的子句「since he was 2（自從他2歲）」是完成式本身可以有
  的配備。用來說明從2歲開始做完成式的動作。「Tom left Taipei in 2000.
  （湯姆在2000年離開台北。）」是獨立的句子，它的動詞「left」用過去
  式，目的是用來襯托出第二個句子「He had lived there since he was two
  （自從他2歲，他就一直住在那裡。）」完成式的動作是在過去時空。

  (說明) 本句的結構圖如下：

　　　Tom left Taipei in 2000.　　He had lived there <u>since he was two.</u>
　　　　　　　　　　　　　　　　　　　　　　　　　（完成式本身配備）
　　　—————————————　　—————————————————
　　　　　　　↓　　　　　　　　　　　　　↓
　　　（為了更襯托右邊句　　　　　過去完成式
　　　子用過去完成式而多
　　　出的句子）

兩個子句的兩個動詞該如何搭配（以過去完成式做說明）

◆ 有兩個子句就有兩個動詞，就要注意兩個動詞的搭配，而兩個動詞的搭配方式分為「時空的搭配」和「動作方式的搭配」，時空的搭配在文法上有一定的規則，動作方式則沒有。「過去完成式的動詞」和特別加上去用來襯托過去時空的「副詞子句的動詞」的時空搭配規則如下。

- I <u>had</u> already <u>left</u> when Tom <u>arrived</u> here.
  當湯姆到達這裡，我已離開。

  說明　「主要子句」和「副詞子句」動詞的時空搭配有個規則：

「主要子句」動詞時空	連接詞	「副詞子句」動詞時空
現在	「when」	現在
過去		過去
未來	（當）	現在（不是未來）

  說明　主要子句「I had already left（我已離開）」的動詞「had left」，時空是過去。副詞子句「when Tom arrived here」的動詞「arrived」，時空也是過去，過去對應過去。

◆ 「過去完成式的動詞」和它本身「常配備的since子句的動詞」，這二個動詞是自家人之間的動詞搭配，不屬於一般動詞時空搭配規則的範圍。

- I <u>had lived</u> in Taipei since I <u>was</u> ten.
  自從我10歲，我已住在台北。

  說明　「since」子句「since I was ten（自從我10歲）」是代表完成式「I had lived in Taipei（我已住台北）」之前的開始點，所以「since」子句的動詞採用過去式「was」，只是表示動作時間較早，不是依一般「動詞時空」的搭配規則。

現學現考・常讀常考

◆ 考前要先複習並在每頁左上角或右上角簽上日期記錄。

◆ 請以口測優先，多做口測，再筆測。測驗日期、測驗結果考官都要記錄。

◆ 不論口測、筆測、自測、師測或家長測，一定要測到熟透方可。

◆ 答案區在教材中，以 習題解答（一）、習題解答（二）……等標示。

（一）過去完成式的動作或狀態是什麼？

（二）過去完成式的動作方式和幅度是什麼？

（三）過去完成式譯成什麼？

（四）過去完成式是由什麼和什麼組成的？

（五）過去完成式的否定要怎麼表現？

（六）過去完成式的疑問句是將什麼移到前面？

（七）過去完成式和現在完成式最大差別在哪裡？

（八）請將下列句子譯成中文，並說出其中什麼是襯托過去時空的子句或獨立句子。另外，請說明since子句「since he was two」扮演什麼角色？

1. I had already left when Tom arrived here.

2. Tom left Taipei in 2000. He had lived there since he was two.

第13單元 動詞的未來完成式（國中未教）

一、未來完成式的代表意義和組成

◈ 主詞的動作或狀態是在未來時空。

◈ 主詞動作的方式是完成式。

◈ 未來完成式的動作幅度，是從未來某時間點之前已開始，一直連到該時間，常譯成「將已經、將一直」。

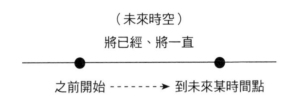

（未來時空）

將已經、將一直

之前開始 ------➤ 到未來某時間點

◈ 未來完成式的句子也可以搭配襯托未來時空某時間意境的字詞、介詞片語或子句。

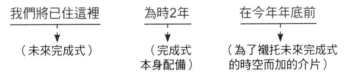

- We'll have lived here for two years by the end of this year.

我們將已住這裡	為時2年	在今年年底前
↓	↓	↓
（未來完成式）	（完成式 本身配備）	（為了襯托未來完成式 的時空而加的介片）

＝今年年底前，我將已住這裡2年了。

(說明) 這個句子是未來完成式，介詞片語「for two years（為時2年）」是完成式常配備的介片。加上介詞片語「by the end of this year（今年年底前）」是用來襯托句子用未來完成式的情境。

◈ 未來完成式是由「will have」＋「p.p.（過去分詞）」組成，所有人稱通用。

二、未來完成式的否定和疑問句

◈ 未來完成式的否定，是在「will」後面加「not」，變成「will not」或「won't」。

◈ 未來完成式的疑問句，是把助動詞「will」放到句首。

現學現考‧常讀常考

◈ 動詞的未來完成式，國中少教，不測驗。但仍要閱讀，讀完簽日期在該單元。

第14單元 動詞的完成進行式（國中未教）

◆ 本單元一次講完成進行式的三個時空：現在完成進行式、過去完成進行式、未來完成進行式。本單元僅就完成進行式的組成、意義及特殊之處解說。

◆ 完成進行式是一種動作方式，由be動詞的完成式「have been」系列＋「Ving（現在分詞）」所組成。依時空分為現在完成進行式、過去完成進行式、未來完成進行式。

◆ 完成進行式的動作是完成式＋進行式兩個動作，除了有完成式（已經）的意思外，還有進行式（正在）的意思，所以常譯成「已在」或「一直在」，未來完成進行式常譯成「將已在」或「將一直在」。

一、現在完成進行式

◆ 現在完成進行式「have been、has been」＋「Ving（現在分詞）」組成，動作意思是，到「現在」某時間點為止，「已在」或「一直在」。

• We have been playing basketball <u>since 7</u> <u>this morning</u>.
我們從今晨7點就一直在打籃球。

> **說明** 「從今晨7點就開始打籃球」，不但有完成式（已經）的味道，而且有進行式「在打」的意思，所以用現在完成進行式。介詞片語「since 7 this morning（從今晨7點）」是完成式常有配備。

二、過去完成進行式

◈ 過去完成進行式由「had been」＋「Ving（現在分詞）」組成，動作時空是在過去時空，動作意思是，到「過去」某時間點為止，「已在」或「一直在」。

- I had been sleeping when Tom came.
  當湯姆來時，我一直在睡覺。

  > **說明** 連接詞「when（當）」帶的副詞子句「Tom came（湯姆來）」動詞「came」用過去式是為了襯托主要子句「I had been sleeping（我一直在睡覺）」使用「過去時空」的情境。至於動作方式，當湯姆來，我已經睡了，而且正在睡，所以很適合用完成進行式。

三、未來完成進行式

◈ 未來完成進行式由「will have been」＋「Ving（現在分詞）」組成，動作時空是在未來時空，動作意思是，到「未來」某時間點為止，「將已在」或「將一直在」。

- We will have been studying English for three years by the end of the year.
  我們在今年年底將已學英文3年了。

  > **說明** 介詞片語「by the end of this year（在今年年底之前）」是為了襯托主要子句「We will have been studying English for three year（我們將已學英語3年）」動作是在「未來時空」。主要子句中「for three years（為時3

年）」是完成式常配備的介片，用來表示完成式的「時間」幅度。主要
子句用未來完成「進行」式，表示動作是進行式「正在學」。

四、完成進行式的快速形成方法

◈ be系列＋Ving（現在分詞）＝進行式

◈ have been系列（be動詞的完成式）＋Ving（現在分詞）＝完成進行式

現學現考・常讀常考

◈ 動詞的完成進行式，國中少教，不測驗。但仍要閱讀，讀完簽日期在
該單元。

第15單元 被動語態（現在簡單式被動）（九年級）

◆ 若把動詞的表現方式分為二類，則一類是主動（文法上稱為主動語態），一類是被動（文法上稱為被動語態）。我們之前談過的動詞時態是屬於主動語態，本單元要談的是被動語態。

◆ 主動語態和被動語態是相反的，譬如：主動語態「I speak English.（我說英語）」，被動語態則變「English is spoken by me.（英語被我說）」。及物動詞有受詞才可改為被動語態。

一、被動語態

（一）被動語態的意義　習題解答（一）1

◆ 被動語態就是「被」，也是動作的表現方式之一。

◆ 被動語態自己擁有一個系統。

　1. 被動語態的動作時空分為現在時空、過去時空、未來時空（和「動詞時態」相同）。

　2. 被動語態的動作方式分為：簡單式、進行式、完成式（和「動詞時態」差不多）。為了和「動詞時態」的動作方式做一分別，多加了「被動」兩個字。譬如：動詞時態有「現在簡單式」；被動語態則有「現在簡單式被動」。

（二）被動語態的組成

◆ 被動語態是由be動詞（am、are、is等）＋動詞的「p.p.（過去分詞）」組成。習題解答（一）2

◈ 被動語態如有需要說明是被誰或被什麼東西所做，就要搭配介詞「by」，「by」也是「被」的意思。如果不需要就不必加「by」。

習題解答（一）3

◈ 被動語態也可以加上助動詞。

- The window <u>can</u> be broken by him.

  那窗子可能是被他打破。

  (說明) 句中加上助動詞「can」，be動詞要改用原形動詞「be」這個字。

◈ 被動語態大都是由主動語態變來的，所以將被動語態翻譯成中文時，不一定要死板板按被動語態的英文翻譯。

- He <u>breaks</u> the window.

  他　打破　那　窗子

  ⇒ 改被動式　The window <u>is broken</u> by him.

  　　　　　　那　窗子　　被打破　被　他

  ＝那窗子被他打破。＝他打破那窗子。

（三）被動語態的否定句　　習題解答（三）

- The watch <u>is not made</u> in Japan.

  那手錶不是在日本被製造的。＝那錶不是日本製造的。

（四）被動語態的疑問句　習題解答（四）

- Is English <u>taught</u> at your school?

  英語被教在你的學校？＝你的學校教英語嗎？

  (簡答)

  - Yes, it is.　是的。
  - No, it isn't.　不，沒有。

（五）所有「被動語態」的樣子

◇ 國中英語的「被動語態」大多只談到「現在簡單式被動」，但是我們仍列出所有「被動語態」供大家參考。

1. 簡單式被動

   (1) 現在簡單式被動「am、are、is」＋「p.p.（過去分詞）」

   • English is spoken. 英語被說。

   (2) 過去簡單式被動「was、were」＋「p.p.（過去分詞）」

   • English was spoken. 英語過去被說。

   (3) 未來簡單式被動「will be」＋「p.p.（過去分詞）」

   • English will be spoken. 英語將被說。

2. 進行式被動

   (1) 現在進行式被動「am being、are being、is being」＋「p.p.（過去分詞）」

   • English is being spoken. 英語正被說。

   （說明）「is being」是be動詞「is」的現在進行式。

   (2) 過去進行式被動「was being、were being」＋「p.p.（過去分詞）」

   • English was being spoken. 英語過去正被說。

   （說明）「was being」是be動詞「was」的過去進行式。

   (3) 未來進行式沒有被動語態。

3. 完成式被動

  (1) 現在完成式被動「have been、has been」+「p.p.（過去分詞）」

• English has been spoken. 英語已被說；英語一直被說。

  (說明) 「has been」是be動詞「is」的現在完成式。

  (2) 過去完成式被動「had been」+「p.p.（過去分詞）」

• English had been spoken. 英語過去已被說；英語過去一直被說。

  (說明) 「had been」是be動詞「was」、「were」的過去完成式。

  (3) 未來完成式被動「will have been」+「p.p.（過去分詞）」

• English will have been spoken. 英語將已被說；英語將一直被說。

※動詞時態有完成進行式，被動語態沒有完成進行式被動。

二、現在簡單式被動

◆ 國中英語唯一談到的被動語態是「現在簡單式被動」，故本單元特別針對「現在簡單式被動」做深入解說。

（一）現在簡單式被動的意義

◆ 動作時空是現在。

◆ 動作方式是簡單式被動。

（二）現在簡單式被動的組成

◆ 被動語態是由be動詞＋「p.p.（過去分詞）」組成；現在簡單被動式是由be動詞的現在簡單式「am、are、is」＋「p.p.（過去分詞）」組成，意思是「被」。 習題解答（二）1

◆ 如有必要才加介詞「by（被）」。

- English is spoken in America (by American). 習題解答（二）2

  英語　　被說　　在　美國　　被美國人

  ＝在美國，英語被說。＝在美國人們說英文。

  說明 美國人本來就說英語，所以不必加上「by American（被美國人）」，只要寫「English is spoken in America.」。

- The window is broken by him. 習題解答（二）2

  那　　窗子　　被打破　被他

  ＝那窗子被他打破。＝他打破那窗子。

  說明 本句的介詞「by（被）」一定要有，才知道窗子是「by him（被他）」打破的。

現學現考・常讀常考

◇ 考前要先複習並在每頁左上角或右上角簽上日期記錄。

◇ 請以口測優先，多做口測，再筆測。測驗日期、測驗結果考官都要記錄。

◇ 不論口測、筆測、自測、師測或家長測，一定要測到熟透方可。

◇ 答案區在教材中，以習題解答（一）、習題解答（二）……等標示。

（一）被動語態：

1. 被動語態的動作時空分為哪幾種？動作的方式分為哪幾種？

2. 被動語態是由什麼和什麼組成？

3. 被動語態如有需要，常會加上哪一個介詞？那介詞的意思是什麼？

（二）現在簡單式被動：

1. 現在簡單式被動是由什麼和什麼組成的？意思是什麼？

2. 請講出下列句子的英文。

   (1) 在美國，英語被説。（＝在美國人們説英文。）

   (2) 那窗子被他打破。（＝他打破那窗子。）

（三）被動語態也有否定句，請將「The watch is not made in Japan.」譯成中文。

（四）被動語態也有疑問句，請將「Is English taught at your school?」譯成中文。

第16單元 現在分詞、過去分詞（七、八、九年級）

一、現在分詞和過去分詞的來源

（一）現在分詞

◇ 動詞加ing有兩種稱呼，一叫「現在分詞」；二叫「動名詞」。「動名詞」就是「名詞」，只是「有動作味道的名詞」。既然是名詞，就可以當主詞、受詞或補語。動名詞或動名詞片語代表的是「一件事」。但本小節談的是「現在分詞」。習題解答（一）1

◇ 動詞＋ing的方法：習題解答（一）2

  1. 一般的動詞，直接＋ing，譬如：吃eat ⇒ eating。

  2. 字尾是「子音＋母音＋子音」的，要重複最後一個子音再＋ing，譬如：跑run ⇒ running。

  3. 字尾是「子音＋母音＋子音＋e」的，要「去e再＋ing」，譬如：製作make ⇒ making。

  4. 字尾是e且不發音的，要「去e再＋ing」，譬如：跳舞dance ⇒ dancing。

  5. 字尾是ie的，要「將ie改成y再＋ing」，譬如：死die ⇒ dying（垂死的）。

（二）過去分詞

◇ 過去分詞來自於動詞三態，譬如：吃的動詞三態是「eat（原形）」、「ate（過去式）」、「eaten（過去分詞）」。習題解答（一）3

二、現在分詞和過去分詞的共同特色

◇ 現在分詞和過去分詞都可當形容詞,所以都可以形容名詞。只是現在分詞有「正在」的味道(因為現在分詞可用在進行式);過去分詞有「已……的」或「被……的」的味道。(因為過去分詞可用在完成式及被動式)。

- a sleeping boy 一個正在睡覺的男孩 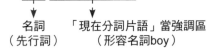 習題解答(二)1
- a broken glass 一個破碎的玻璃杯

  （說明）「sleeping」是「sleep(睡覺)」的現在分詞;「broken」是「break(打破)」的過去分詞。

◇ 現在分詞和過去分詞都可放在名詞後面當強調區,形容前面的名詞(先行詞)。

- The boy named John is my friend. 習題解答(二)2

  名詞　　「過去分詞片語」當強調區
  (先行詞)　　(形容名詞boy)

  那位名叫約翰的男孩是我的朋友。

- The boy standing there is Tom.

  名詞　　「現在分詞片語」當強調區
  (先行詞)　　(形容名詞boy)

  站在那裡的(那)男孩是湯姆。

  （說明）「named」是「name(命名)」的過去分詞;「standing」是「stand(站)」的現在分詞。

◇ 現在分詞和過去分詞具有形容詞功能,所以可以在be動詞、連綴動詞後面當補語,以下例句用的是感受型動詞的過去分詞和現在分詞。

- I am excited. 習題解答（二）3

  我 是 感到興奮的

  ＝我很興奮。

- The movie is interesting.

  那　電影　是 令人感到有趣的（很有趣）

  ＝那電影很有趣。

  （說明） 「excited」是感受型動詞「excite（使興奮）」的過去分詞；
  「interesting」是感受型動詞「interest（使有興趣）」的現在分詞，都具
  有形容詞的功能，可以在be動詞或連綴動詞後面當補語。

三、現在分詞可特別用來補充說明人或物的動作（補語） 習題解答（三）

- I saw him coming.

  我 看 他 在來

  ＝我看見他來了。

  （說明） 上列句中，「saw（看）」是感官動詞，後面接的動詞可用原形，也可
  用現在分詞。本句現在分詞「coming」是補充說明「him（他）」的動
  作。（感官動詞的解說請見本篇第18單元）

- There is a bird flying in the sky.

  有 一隻鳥 在飛 在天空中

  ＝有一隻鳥在天空中飛。

  （說明） 上列句中，現在分詞「flying（在飛）」是補充說明「bird（鳥）」的動
  作。

現學現考・常讀常考

◇ 考前要先複習並在每頁左上角或右上角簽上日期記錄。

◇ 請以口測優先，多做口測，再筆測。測驗日期、測驗結果考官都要記錄。

◇ 不論口測、筆測、自測、師測或家長測，一定要測到熟透方可。

◇ 答案區在教材中，以習題解答（一）、習題解答（二）……等標示。

（一）現在分詞和過去分詞的來源：

1. 請背出「動詞加ing有兩種稱呼……」全文。

2. 請說出動詞加ing的方法。

3. 過去分詞來自於那裡？請唸出「吃」的動詞三態。

（二）現在分詞和過去分詞的共同特色：

1. 兩者都可當形容詞，請講出下列句子的英文。

(1) 一個在睡覺的男孩	(2) 一個破碎的玻璃杯

2. 兩者都可當補語，形容前面的名詞（先行詞），請將下列句子譯成中文並說明。

   (1) The boy named John is my friend.

   (2) The boy standing there is Tom.

3. 兩者都可用於感受型動詞的句子，請講出下列二句的英文。

   (1) 我是感到興奮的。（＝我很興奮。）

   (2) 那電影是令人感到有趣的。（＝那電影很有趣。）

（三）現在分詞很特別，可用來補充說明人或物的動作，請講出下列句
　　　子的英文。

1. 我看見他來了。	2. 有一隻鳥在天空中飛。

第17單元　感受型動詞（感到……的、令人感到……的）（九年級）

一、感受型動詞的意義

◆ 人「感到……的」、事或物「令人感到……的」，都是日常生活中常用的講話口氣，很實用。而這種口氣的句型是從「感受型動詞」演變而來的。譬如：「interest（使感興趣）」就是感受型動詞。

- History interests me. 歷史使我感覺有趣。

二、感受型動詞的過去分詞和現在分詞　習題解答（一）

◆ 以「interest」為例，「interest」若改成過去分詞「interested」，就可以譯成「感到興趣的」。因為大多是「人」才會「感到興趣的」，所以主詞常是「人」。

- I am interested.

  我 是 感到興趣的　＝我很感興趣。

◆「interest」若改成現在分詞「interesting」，就可以譯成「令人感到興趣的」，可簡譯成「有趣的」。因為大多是「事」或「物」才會「令人感到興趣的」或「有趣的」，所以主詞常是「事或物」。

- The movie is interesting.

  這　電影 是 令人感到興趣的 ＝這電影很有趣。

感受型句型的注意事項　習題解答（二）

◇「I am interested.」是由be動詞＋「p.p.（過去分詞）」組成的，但它是感受型的句子，不是被動式的句子。

※被動式也是be動詞＋「p.p.（過去分詞）」。

◇「The movie is interesting.」是由be動詞＋「Ving（現在分詞）」組成的，但它是感受型的句子，不是進行式的句子。

※進行式也是be動詞＋「Ving（現在分詞）」。

◇感受型動詞的現在分詞常譯成「令人感到……的」，而且搭配的主詞常是「事」或「物」，但是也有例外，譬如下列例句的主詞就是「人」，而不是「事」或「物」。

- Tom is interesting.
  湯姆 是 令人感到興趣的（有趣的）
  最佳譯法是：湯姆很有趣。

- Kart is boring.
  卡特 是 令人感到無聊的（很無聊的）
  最佳譯法是：卡特很無聊。

三、感受型動詞的過去分詞和現在分詞可以接介詞

（一）接介詞的時機　習題解答（三）

◇ 若我們要說「某人對什麼感到什麼」就要加上各種不同的介詞，譬如：「我對英語有興趣」，要加的介詞是「in（對）」。

◇ 若我們要說「某事或某物令某人感到什麼」也要加上介詞，這時候加的介詞較單純，都是「to（對）」。

（二）常見的感受型動詞和句型　習題解答（三）

◇ 以下是常見的感受型的動詞，以及它的句型。

1. 「interest」（使興趣）

- I am interested.　　　　　　⇒ I am interested in English.
  我 是 感到興趣的　　　　　　　　　　　　於 英語
  ＝我很有興趣。　　　　　　＝ 我對英語有興趣。

- The movie is interesting.　⇒ The movie is interesting to me.
  這　電影 是　有趣的　　　　　　　　　　　　對 我
  ＝這電影很有趣。　　　　　＝ 這電影令我感到有趣。
  　　　　　　　　　　　　　＝ 這電影對我來說很有趣。

2. 「excite」（使興奮）

- I am excited.　　　　　　　⇒ I am excited about it.
  我 是 感到興奮的　　　　　　　　　　　　對 它
  ＝我很興奮。　　　　　　　＝ 我對它感到興奮。

- It is exciting.　　　　　　⇒ It is exciting to me.
  它是 令人感到興奮的　　　　　　　　　　　對 我
  ＝它令人興奮。　　　　　　＝ 它令我感到興奮。

3. 「worry」（擔心）

- I am worried.　　　⇒ I am worried <u>about</u> it.
  我 是 感到擔心的　　　　　　　　　　對 它
  ＝很我擔心。　　　　　＝ 我對它感到擔心。

- It is worrying.　　　⇒ It is worrying <u>to</u> me.
  它是 令人感到擔心的　　　　　　　　 對 我
  ＝它令人擔心。　　　　　＝它令我感到擔心。

4. 「satisfy」（使滿意）

- I am satisfied.　　　⇒ I am satisfied <u>with</u> it.
  我 是 感到滿意的　　　　　　　　　 對 它
  ＝我很滿意。　　　　　＝ 我對它很滿意。

- It is satisfying.　　　⇒ It is satisfying <u>to</u> me.
  它是 令人感到滿意的　　　　　　　　對 我
  ＝它令人滿意。　　　　　＝ 它令我感到滿意。

5. 「bore」（令人厭煩）

- I am bored.　　　⇒ I am bored <u>with</u> it.
  我 是 感到厭煩的　　　　　　　　　對 它
  ＝我很厭煩。　　　　　＝ 我對它感到厭煩。

- It is boring.　　　⇒ It is boring <u>to</u> me.
  它是 令人感到無聊的　　　　　　　 對 我
  ＝它令人無聊。　　　　　＝ 它令我感到無聊。

6. 「surprise」（使驚奇）

- I am surprised.　　　⇒ I am surprised <u>at</u> it.
  我 是 感到驚奇的　　　　　　　　　對它
  ＝我很驚奇。　　　　　＝ 我對它感到很驚奇。

- It is surprising.　　　⇒ It is surprising <u>to</u> me.
  它是 令人感到驚奇的　　　　　　　　　對 我

  =它令人驚奇。　　　　= 它令我感到驚奇。

7. 「tire」（使疲倦；使厭煩）

- I am tired.　　　　⇒ I am tired <u>of</u> it.
  我 是 感到疲倦的　　　　　　　對它

  　　　感到厭倦的

  =我很疲倦；我很厭倦。 = 我對它感到厭倦。

- It is tiring.　　　⇒ It is tiring <u>to</u> me.
  它是 令人感到厭倦的　　　　　　　對 我

  =它令人厭倦。　　　　= 它令我感到厭倦。

（三）感受型動詞的過去分詞和現在分詞接介詞整理

1. 感受型動詞「過去分詞接介詞」整理

　(1) I am interested <u>in</u> it.

　(2) I am excited <u>about</u> it.

　(3) I am worried <u>about</u> it.

　(4) I am satisfied <u>with</u> it.

　(5) I am bored <u>with</u> it.

　(6) I am surprised <u>at</u> it.

　(7) I am tired <u>of</u> it.

　　説明　以上句型中，介詞有「in」、「with」、「at」、「of」等，這些介詞要
　　　　　怎麼記才好呢？作者建議，只要多唸幾次就可記得，而且記得很自然。

2. 感受型動詞「現在分詞接介詞」整理

(1) It is interesting <u>to</u> me.

(2) It is exciting <u>to</u> me.

(3) It is worrying <u>to</u> me.

(4) It is satisfying <u>to</u> me.

(5) It is boring <u>to</u> me.

(6) It is surprising <u>to</u> me.

(7) It is tiring <u>to</u> me.

（說明）以上句型中，介詞都是用「to」，很好記。

四、感受型句型的be動詞可改用連綴動詞

◈ 動詞之中，有一種動詞叫做「連綴動詞」，它的後面常接形容詞（……的）或具有形容詞功能的過去分詞、現在分詞當補語。所以如有需要，感受型句型中的be動詞（「am」、「are」、「is」等）也可以改用連綴動詞，來表示不同的意思。以下例句以連綴動詞「look（看起來）」做說明。

• They look interested in English. 習題解答（四）
　他們 看起來 感到有興趣的 於 　英語
　＝他們看起來對英語感到興趣。

相同形式但意義不同的句型

1. be動詞＋「Ving」的三種意義 習題解答（五）

- I am playing basketball.

  我正在打籃球。

  （說明）本句是動詞時態的進行式（正在）。

- The movie is interesting.

  這電影是令人感到興趣的。＝這電影很有趣。

  （說明）本句是感受型動詞（令人感到……的）的句型。

- My favorite is playing basketball.

  我的最愛是打籃球。

  （說明）本句是動名詞片語「playing basketball」當補語的句型。

2. be動詞＋「p.p.（過去分詞）」的兩種意義 習題解答（六）

- English is spoken in America.

  在美國，人們說英語。

  （說明）本句「is spoken」是被動語態的「現在簡單式被動」（被）。

- I am interested in English.

  我對英語有興趣。

  （說明）本句「am interested」是感受型動詞（感到……的）的句型。

現學現考‧常讀常考

◈ 考前要先複習並在每頁左上角或右上角簽上日期記錄。

◈ 請以口測優先，多做口測，再筆測。測驗日期、測驗結果考官都要記錄。

◈ 不論口測、筆測、自測、師測或家長測，一定要測到熟透方可。

◈ 答案區在教材中，以 習題解答（一）、習題解答（二）……等標示。

（一）感受型動詞的過去分詞和現在分詞：

    1.「interest」若變過去分詞「interested」可以譯成什麼？主詞常是什麼？請講出「我是感到興趣的。（＝我很感興趣。）」的英文。

    2.「interest」若改成現在分詞「interesting」可以譯成什麼？主詞常是什麼？請講出「這電影是令人感到興趣的。（＝這電影很有趣。）」的英文。

（二）感受型句型的注意事項：

    1.「I am interested.」是由be動詞＋過去分詞所組成，很容易被誤會是什麼句型？

    2.「The movie is interesting.」是由be動詞＋現在分詞所組成，很容易被誤會成什麼句型？

（三）若我們要說「某人對什麼感到什麼」或「某事或某物令某人感到什麼」就要加上介詞。請在下列空格中填入適當介詞後唸出英文，並將句子譯成中文。

    1. interest

      (1) I am interested. ⇒ I am interested ＿＿ English.

(2) The movie is interesting. ⇒ The movie is interesting _____ me.

2. excite

(1) I am excited. ⇒ I am excited _____ it.

(2) It is exciting. ⇒ It is exciting _____ me.

3. worry

(1) I am worried. ⇒ I am worried _____ it.

(2) It is worrying. ⇒ It is worrying _____ me.

4. satisfy

(1) I am satisfied. ⇒ I am satisfied _____ it.

(2) It is satisfying. ⇒ It is satisfying _____ me.

5. bore

(1) I am bored. ⇒ I am bored _____ it.

(2) It is boring. ⇒ It is boring _____ me.

6. surprise

(1) I am surprised. ⇒ I am surprised _____ it.

(2) It is surprising. ⇒ It is surprising _____ me.

7. tire

(1) I am tired. ⇒ I am tired _____ it.

(2) It is tiring. ⇒ It is tiring _____ me.

（四）請唸出「They look interested in English.」並將句子譯成中文。

（五）請唸出下列句子後將句子譯成中文，並說出下列三種be動詞＋
　　　「Ving」句型的差別。

1. I am playing basketball.

2. The movie is interesting.

3. My favorite is playing basketball.

（六）請唸出下列句子後將句子譯成中文，並說出下列兩種be動詞＋
　　　「p.p.（過去分詞）」句型的差別。

| 1. English is spoken in America. | 2. I am interested in English. |

授與動詞、連綴動詞、使役動詞、感官動詞（八、九年級）

一、授與動詞

◆ 有些及物動詞接續受詞時，有時候一定要有二個受詞，意思才會完全、人家才聽得懂，此時文法上特稱之為「授與動詞」。

（一）授與動詞「give」、「send」、「write」、「bring」、「lend」、「show」

◆ 像「give（給）」這種動詞出現時，要有二個受詞，一是人，一是物，文法上特稱之為「授與動詞」。國中教的受詞是「人」和「物」，事實上受詞也可以是「團體」和「事」。習題解答（一）1

◆ 「人」當第一受詞、「物」當第二受詞，是一種表示方法。「物」當第一受詞、「人」當第二受詞也可以，但是「人」的前面要多接介詞「to」。

- I gave <u>him</u> <u>a book</u>.　　= I gave <u>a book</u> <u>to</u> <u>him</u>. 習題解答（一）2
  我　給　他　一本書　　　　我　給　一本書　給　他
  　　　　↓　　↓　　　　　　　　　↓　　↓　　↓
  　　　（人）（物）　　　　　　　（物）（介詞）（人）
  　　第一受詞 第二受詞　　　　　第一受詞　　第二受詞

◆ 這類型的授與動詞，常見的有：「give（gave）給」，「send（sent）送」，「write（wrote）寫（寫給）」，「bring（brought）帶」，「lend（lent）借（出）」，「show（showed）秀、表演」。

（二）授與動詞「buy」、「make」、「get」

◇ 當授與動詞是：「buy（bought）買」，「make（made）製作」，「get（got）拿、買」，而且是「物」當第一受詞、「人」當第二受詞時，「人」的前面要多接的介詞是「for」，不是「to」。

- I bought <u>him</u> <u>a book</u>. = I bought <u>a book</u> for <u>him</u>.

  我買（給）他 一本書　　我　買　一本書　給　他
  　　↓　　↓　　　　　　　　↓　　　↓　　↓
  （人）（物）　　　　　　（物）（介詞）（人）
  第一受詞 第二受詞　　　　　第一受詞　　第二受詞

> 說明 用介詞「to」的授與動詞，「給」的意思較重；用介詞「for」的授與動詞，「為」的意思較重。介詞「for」除了「給」的意思之外，也有「為」的意思。

（三）「物」若是代名詞「it」或「them」

◇ 當「物」是代名詞「it（它）」或「them（它們）」的時候，「it」或「them」一定要當第一受詞，人要移到後面當介詞「to」或「for」的受詞，也就是人要當第二受詞。

- I gave him it.（×）⇒ I gave <u>it</u> to him.（○） 習題解答（一）3

  我 給 它 給 他
  ＝我把它給他。

- I bought him them.（×）⇒ I bought <u>them</u> for him.（○）

  我 買 它們 給 他
  ＝我買它們給他。

二、連綴動詞

（一）連綴動詞的意義

◈ 有些動詞的後面一定要先接形容詞（或現在分詞、過去分詞）當補語，這些動詞文法上特稱之為「連綴動詞」，簡記為：連綴動詞＋形當補。習題解答（二）1

- You look happy.

  你 看起來快樂的

  ＝你看起來很快樂。

  （說明）「look（看起來）」是連綴動詞，「happy（快樂的）」是形容詞，在此當補語。

（二）常見的連綴動詞與用法

◈ 常見的連綴動詞如下：習題解答（二）2

1. feel（felt）感覺	2. look（looked）看起來
3. sound（sounded）聽起來	4. smell（smelt或smelled）聞起來
5. taste（tasted）嚐起來	6. get（got）變得
7. become（became）變成	8. seem（seemed）似乎
9. appear（appeared）似乎	10. keep（kept）保持
11. stay（stayed）保持	12. turn（turned）轉變成

◈ be動詞後面可以接名詞區當補語、可以接形容詞當補語，也可以接介詞片語當補語，當be動詞接形容詞的時候也等於是連綴動詞。習題解答（二）3

◇ 「feel」後面接形容詞的時候,才是連綴動詞。習題解答(二)4

◇ 「get」是非常多用途的動詞,「get」後面接形容詞當補語時才是連綴動詞,此時「get」可譯成「變得」,或可看成是be動詞。習題解答(二)5

- I am married.

  = I get married. 我結婚了。

- I am angry.

  = I get angry. 我很生氣。

- I am excited.

  = I get excited. 我感到興奮。

◇ 「get」和「become」當連綴動詞時,若是進行式,常譯成「漸漸變得」。習題解答(二)6

- It is getting cold. 天氣漸漸變得寒冷。

◇ 「become」也可接名詞區當補語,譬如:「He becomes a good student. (他變成一位好學生)」。所以當「become」接形容詞當補語時,才能看成連綴動詞。習題解答(二)7

- He became happy. 他變得很快樂、開心。

◇ 「appear」後面接形容詞當補語時,才是連綴動詞,而且要譯成「似乎」。習題解答(二)8

- He appears quite old. 他似乎(顯得)很老。

◇ 「keep」和「stay」後面接形容詞當補語時,才是連綴動詞,而且譯成「保持」。習題解答(二)9

- Keep quite. 保持安靜。

- Stay happy. 保持快樂。

◆ 「turn」後面接形容詞當補語時，才是連綴動詞，而且譯成「轉變成」。習題解答（二）10

- She turned pale. 她臉色轉變成灰白。

◆ 連綴動詞後面若是接了介詞「like（像）」，就只能接名詞（系列）當受詞，不能接形容詞。習題解答（二）11

- You look like Tom. 你看起來像湯姆。

三、使役動詞

（一）使役動詞的意義　習題解答（三）1

◆ 讓別人做什麼、叫別人做什麼的動詞，文法上稱為「使役動詞」。

（二）常見的使役動詞與用法

◆ 最常見的使役動詞有三個：「let（let）讓」，「have（had）使、叫」，「make（made）使、叫」。「have」當一般動詞時，常譯成「有、吃、喝、舉辦、進行、做」。「make」當一般動詞時，常譯成「製作」。習題解答（三）2

※另有一個動詞「bid（吩咐）」也可當使役動詞，國中英語未列入。

◆ 一般而言，動詞後面要接另一個動詞時，後面動詞的前面要先接不定詞「to」，再接動詞原形。但是，使役動詞（「let」、「have」、「make」）後面接動詞時，「to」要省略，後面動詞一樣要用原形。習題解答（三）3

- Let's（to省略）go.
  = Let's go. 讓我們走。＝我們走。

- Have him（to省略）shut the door.

    ＝Have him <u>shut</u> the door.　叫他關上門。

- That made him（to省略）think.

    ＝That <u>made</u> him <u>think</u>.　那件事使他想。＝那件事使他用腦子想。

◈ 特別談「make」當使役動詞時的另外二種用法：接形容詞當補語、接名詞當補語。

- I <u>make</u> him <u>happy</u>.　我使他快樂。　習題解答（三）4

    （說明） 本句中，使役動詞「make」後面接受詞「him」，再接形容詞「happy」當補語（形當補）。

- I <u>make</u> him <u>a good student</u>.　我使他成為一個好學生。　習題解答（三）5

    （說明） 本句中，使役動詞「make」後面接受詞「him」，再接名詞區「a good student」當補語（名當補）。

文法上，以上二種用法的「make」叫做「不完全及物動詞」。因為是及物動詞，所以要有受詞，因為「不完全」，所以要有補語，意思才完全，聽者才會懂。

（三）使役動詞小結論

◈ 本單元中看到的「Let（讓）」開頭的句子，也是七年級英語「命令句、祈使句」的講話口氣之一。

◈ 當我們看到「have」後面接動詞時，若沒有不定詞「to」，「have」就是使役動詞，要譯成「使」或「叫」。

◈ 當我們看到「make」後面接動詞、沒有不定詞「to」；或接形容詞當補語；或接名詞區當補語時，「make」就是使役動詞，要譯成「使」或「叫」。

小叮嚀

「help」的句型

◈ 「幫人做……」有二種講法。

1. 「help」人＋不定詞「to」＋動詞原形（不定詞「to」可省略）習題解答（三）6

- I help him to do it.

   = I help him do it. （省略「to」）

   我幫他做它。

   (說明) 「help」後面接另一個動詞時，不定詞「to」可有可無。

2. 「help」人＋介詞「with」＋受詞（被幫的東西）

- I help him with it. 我幫他做（拿、提……等）它。

   (說明) 這是幫人做某事的另一種講法，「help」後面接介詞「with」再接受詞（譬如「it」）。這裡的介詞「with」不必翻譯。

四、感官動詞

（一）感官動詞的意義　習題解答（四）1

◈ 「感覺」、「看」、「聽」、「注意」……等動詞，文法上叫做「感官動詞」。

（二）常見的感官動詞和用法

◈ 常見的感官動詞如下。習題解答（四）2

1. feel（felt）感覺	2. see（saw）看
3. watch（watched）觀看	4. look at（looked at）看；注視
5. hear（heard）聽	6. listen to（listened to）聽
7. notice（noticed）注意	8. smell（smelt或smelled）聞

◈ 感官動詞後面接另一個動作（動詞）時，有二種接法：

習題解答（四）3

1. 感官動詞＋動詞原形，省略原形動詞前面的不定詞「to」。

• I saw a dog（省略to）run.

　＝ I saw a dog run.　我看到一隻狗跑。

2. 感官動詞＋現在分詞「Ving」。現在分詞「Ving」有「正在」的隱約含意，因為現在分詞常用在進行式。

• I saw a dog running.　我看到一隻狗在跑。

◈ 感官動詞特別可以＋「p.p.（過去分詞）」。「p.p.（過去分詞）」有「已」或「被」的隱約含意，因為過去分詞常用在完成是和被動式。

• I saw him punished by her mother.　我看到他被他媽媽處罰。

現學現考 · 常讀常考

◆ 考前要先複習並在每頁左上角或右上角簽上日期記錄。

◆ 請以口測優先，多做口測，再筆測。測驗日期、測驗結果考官都要記錄。

◆ 不論口測、筆測、自測、師測或家長測，一定要測到熟透方可。

◆ 答案區在教材中，以 習題解答（一）、習題解答（二）……等標示。

（一）授與動詞：

1. 授與動詞出現時，要有幾個受詞，各是什麼？

2. 請講出下列句子的二種英文講法，一種講法有用介詞，一種沒有用介詞。

   | (1) 我給他一本書。 | (2) 我買給他一本書。 |

3. 請將下列使用代名詞代替「物」的句子翻成英文。（因為是代名詞，所以只有一種講法）

   | (1) 我把它給他。 | (2) 我買它們給他。 |

（二）連綴動詞：

1. 連綴動詞後面一定要先接什麼當補語？

2. 常見的連綴動詞有哪些？

3. be動詞後面可以接哪三種補語？當be動詞接什麼補語時，be動詞也等於連綴動詞？

4. 「feel」接什麼的時候才是連綴動詞？

5. 「get」後面接形容詞當補語時是連綴動詞，此時「get」可譯成什

麼或可看成是什麼詞？請用be動詞和動詞「get」講出下列句子的英文。

(1) 我結婚了。	(2) 我很生氣。	(3) 我感到興奮。

6. 「get」和「become」當連綴動詞時，若是進行式，常譯成什麼？請講出「天氣漸漸變得寒冷。」的英文。

7. 「become」譯成什麼才是連綴動詞？

8. 「appear」譯成什麼才是連綴動詞？

9. 當「keep」和「stay」後面接形容詞當補語時，才是連綴動詞，譯成什麼？

10. 「turn」後面接形容詞當補語時，才是連綴動詞，譯成什麼？

11. 連綴動詞後面接介詞「like（像）」時，就只能接名詞當受詞。請講出「你看起來像湯姆。」的英文。

（三）使役動詞：

1. 什麼叫做「使役動詞」？

2. 最常見的使役動詞有哪些？

3. 句子中若有使役動詞時，後面若有接其他動詞，應該要怎麼樣？請講出下列句子的英文。

(1) 我們走。	(2) 叫他關上門。	(3) 那件事使他想。

4. 請用「make」接形容詞當補語，講出「我使他快樂。」的英文。

5. 請用「make」接名詞當補語，講出「我使他成為一個好學生。」的英文。

6. 動詞「help」後面接另一個動作時，應該如何處理不定詞「to」？

（四）感官動詞：

1. 什麼叫做「感官動詞」？

2. 最常見的感官動詞有哪些？

3. 感官動詞後面接另一個動詞時，有哪二種接法？請講出下列句子的英文。

(1) 我看到一隻狗跑。	(2) 我看到一隻狗在跑。

第19單元 三大類個性動詞（八、九年級）

一、個性動詞❶

◇ 個性動詞❶肚量最大，規定最少，以下是最常見的個性動詞❶。
習題解答（一）1

1. love（loved）喜愛	2. like（liked）喜歡
3. hate（hated）討厭	4. begin（began）開始
5. start（started）開始	

◇ 個性動詞❶後面接動詞時，可接「to V」不定詞片語，也可接「Ving」動名詞。習題解答（一）2

• I love to play basketball.

　我喜愛 去 打　　籃球

　＝我喜愛打籃球。

　　說明　接不定詞片語「to play basketball」，較偏重講動作。

• I love playing basketball.

　我喜愛　 打　　 籃球

　＝我喜愛打籃球〈這件事〉。

　　說明　接動名詞片語「playing basketball」，較偏重講事。

二、個性動詞❷

◈ 個性動詞❷肚量也最大，但很兩極，以下是最常見的個性動詞❷。
習題解答（二）1

1. stop（stopped）停止	2. forget（forgot）忘記
3. remember（remembered）記得	

◈ 個性動詞❷後面接動詞時，可接「to V」不定詞片語，也可接「Ving」動名詞，但二者意思很不同。習題解答（二）2

- I stopped to smoke.
  我　停止　　去抽菸　＝我停止手邊事去抽菸。

- I stopped smoking.
  我　停止　　　抽菸　＝我停止抽菸這件事，不抽了。

- I forgot to eat dinner.
  我　忘記　　去吃晚餐　＝我忘記去吃晚餐。

- I forgot eating dinner.
  我　忘記　　　吃晚餐　＝我忘了吃晚餐這件事，我已吃過了。

- I will remember to buy it.
  我　將　　記得　　去買 它 ＝我將記得去買它。（我還沒買）

- I remember buying it.
  我　　記得　　　買它　＝我記得買它這件事，我記得我買它了。

三、個性動詞❸

◈ 個性動詞❸很獨特，以下是最常見的個性動詞❸。習題解答（三）1

1. practice（practiced）練習

2. finish（finished）完成

3. mind（minded）介意

4. keep（kept）保持、繼續

5. enjoy（enjoyed）喜愛

6. avoid（avoided）避免

7. find（found）發現

8. spend（spent）人花多少錢、多少時間的花

9. be busy 忙於（be代表be動詞系列）

10. have trouble（had trouble）有麻煩於、受困於

11. have fun、have a good time玩的開心於、玩的愉快於

12. stay up（stayed up）熬夜

13. take up（took up）開始從事、開始養成

14. quit（quitted）戒掉

15. give up（gave up）放棄、戒除

16. can't help 不得不、忍不住

※記個性動詞的方法是，先記中文再記其英文。

◈ 個性動詞❸後面接動詞時，只能接「Ving」，這個「Ving」可能是動名詞，也可能是現在分詞。若是動名詞則代表一件事，若是現在分詞則代表「在（做什麼）」。

- I practice dancing. 習題解答（三）2

  我練習跳舞。

- I found him crying.

  我發現他在哭。

- I am busy dancing.

  我忙於跳舞。

- I spent two hours playing basketball.

  我花了二小時打籃球。

- I have trouble finishing this job by myself.

  我　有　麻煩於　完成　這 工作　獨自

  ＝我無法獨自完成這工作。

小叮嚀

「動詞＋to V」和「動詞＋Ving」總整理　習題解答（四）

◆ 「一般動詞」＋「to V」

◆ 「使役動詞」＋「V（to省略）」

◆ 「感官動詞」＋「V（to省略）」或「Ving」

◆ 「個性動詞❶」＋「to V」或「Ving」

◆ 「個性動詞❷」＋「to V」或「Ving」（但兩者意思很不同）

◆ 「個性動詞❸」＋「Ving」

現學現考・常讀常考

◆ 考前要先複習並在每頁左上角或右上角簽上日期記錄。

◆ 請以口測優先，多做口測，再筆測。測驗日期、測驗結果考官都要記錄。

◆ 不論口測、筆測、自測、師測或家長測，一定要測到熟透方可。

◆ 答案區在教材中，以 習題解答（一）、 習題解答（二）……等標示。

（一）個性動詞❶：

1. 最常見的個性動詞❶有哪些？

2. 個性動詞❶後面接動詞時，有哪二種接法？請講出下列句子的英文。

> (1) 我喜愛打籃球。（用「to V」不定詞片語）

> (2) 我喜愛打籃球。（用「Ving」動名詞）

（二）個性動詞❷：

1. 最常見的個性動詞❷有哪些？

2. 個性動詞❷後面接動詞時，可接「to V」不定詞片語，也可接「Ving」動名詞，但意思很不相同。請唸出下列句子，並講出中文意思。

(1) I stopped to smoke.	(2) I stopped smoking.
(3) I forgot to eat dinner.	(4) I forgot eating dinner.
(5) I will remember to buy it.	(6) I remember buying it.

（三）個性動詞❸：

    1. 最常見的個性動詞❸有哪些？（講法：先講中文、再講英文）

    2. 請講出下列句子的英文。

(1) 我練習跳舞。	(2) 我發現他在哭。
(3) 我忙於跳舞。	(4) 我花了二小時打籃球。
(5) 我無法獨自完成這工作。	

（四）請問一般動詞、使役動詞、感官動詞、個性動詞❶、個性動詞
    ❷、個性動詞❸，以上動詞分別如何接「to V」或「Ving」？

第20單元 多利用簡單的動詞做表達（七、八、九年級）

◆ 「water」這個字，當名詞是「水」，當及物動詞是澆水的「澆」。但是很多人會說「水」，卻不會說澆水的「澆」。本書作者開闢本單元是希望讀者們能活讀英文，多收集、多利用這種簡單的動詞做表達。

◆ 限於篇幅，本單元只列出一些兼具名詞功能或形容詞功能的動詞，且「使用例」中也只舉「及物動詞」部分，並只以「動詞＋受詞」的形式做示範，沒寫出正式句子。

一、兼具名詞功能的動詞　習題解答（一）

	英文	名詞意思	動詞意思	動詞使用例
1	name	名字	命名	name him Tom 命名他為湯姆
2	book	書	訂	book a ticket 訂一張票
3	color	顏色	染、著色	color the picture 著色這圖畫
4	light	燈光	點燈的「點」	light the lamp 點著這燈
5	file	檔案、文件夾	歸檔	file the letters 歸檔這些信件
6	experience	經驗	體驗	experience it 體驗它

	英文	名詞意思	動詞意思	動詞使用例
7	form	形式	構成、結成	water forms ice 水結成冰
8	point	點	指出	point out the mistake 指出這錯誤
9	plant	植物	種植、養殖	plant a tree 種一棵樹
10	pay	薪資	付	pay the doctor 付錢給醫生
11	note	筆記	記錄	note down the word 記下這字
12	notice	公告欄	注意、留意	notice him 留意到他
13	place	地方	安置	place the books 放置這些書
14	line	線	排（隊）	line up 排隊
15	dress	服裝、 洋裝	穿	dress the boys 為這些男孩穿衣
16	land	土地	登陸、降落	land at Hong Kang 在香港登陸
17	date	日期	約會	date Nancy 約南西
18	smell	氣味	聞	smell the flowers 聞這些花
19	hand	手	遞給	hand me the book 遞書給我

	英文	名詞意思	動詞意思	動詞使用例
20	water	水	澆水的「澆」	water the flower 澆這花
21	park	公園、停車場	停車	park your car 停你的車
22	smoke	煙	抽菸、燻製	smoke fish 燻魚
23	list	清單	列出	list the reasons 列出理由
24	mail	郵件	寄	mail the letter 寄這信件
25	tear	眼淚	撕開	tear the letter up 撕碎這信
26	sort	種類	分類整理	sort the cards 分類整理這些卡片
27	face	臉	面對	face the bank 面對這銀行
28	wrap	圍巾	包東西的「包」	wrap a book 包一本書
29	pack	包、袋	打包	pack my luggage 打包我的行李
30	bag	袋子；手提包	裝東西的「裝」	bag the potatoes 裝馬鈴薯入袋中
31	wave	波浪	揮手的「揮」	wave your hand 揮你的手
32	seat	座位	容納	seat 10 students 容納 10 位學生

※請讀者繼續收集，多多運用。

二、兼具形容詞功能的動詞 習題解答（二）

	英文	形容詞意思	動詞意思	動詞使用例
1	slow	慢的	減慢、減緩	slow down the car 車開慢些
2	empty	空的	變空、喝乾	empty the glass 喝乾、乾杯
3	perfect	完美的	使完美、完成	perfect your English 使你的英文更完美
4	correct	正確的	改正、校正	correct your watch 校正你的錶
5	own	自己的	擁有	own this house 擁有這房子
6	tidy	整潔的	整理	tidy the room 整理房間

※請讀者繼續收集，多多運用。

現學現考・常讀常考

◈ 考前要先複習並在每頁左上角或右上角簽上日期記錄。

◈ 請以口測優先,多做口測,再筆測。測驗日期、測驗結果考官都要記錄。

◈ 不論口測、筆測、自測、師測或家長測,一定要測到熟透方可。

◈ 答案區在教材中,以 習題解答(一) 、 習題解答(二) ……等標示。

(一)請講出下列英文字的名詞和動詞意思。

1. name	2. book	3. color	4. light	5. file	6. experience
7. form	8. point	9. plant	10. pay	11. note	12. notice
13. place	14. line	15. dress	16. land	17. date	18. smell
19. hand	20. water	21. park	22. smoke	23. list	24. mail
25. tear	26. sort	27. face	28. wrap	29. pack	30. bag
31. wave	32. seat				

(二)請講出下列英文字的形容詞和動詞意思。

1. slow	2. empty	3. perfect	4. correct	5. own	6. tidy

第21單元 常見的動詞片語（七、八、九年級）

◆ 動詞有動詞的意思，動詞片語則另有別的意思，是學習英文必須多充實、加強的部分，這樣才能表達出更多的意思。

一、動詞片語的意義

◆ 英文文法中，不論是及物動詞或不及物動詞，後面常會加上副詞，形成「動詞片語」，譬如：習題解答（一）

1. burn down 燒毀	2. check out 檢查	3. cheer up 打起精神
4. clean up 清潔	5. full up 裝滿	6. find out 找到
7. give away 分發	8. give back 歸還	9. give up 放棄
10. knock down 拆毀；擊倒	11. look up 查閱	12. pick up 撿起
13. put on 穿上；戴上	14. show off 炫耀	15. take off 脫下；脫掉
16. take out 拿出	17. throw away 丟掉	18. tidy up 收拾；整理
19. try on 試穿	20. turn down 拒絕	21. turn off 關掉
22. turn on 打開	23. wake up 叫醒	24. wipe out 徹底毀滅
25. work out 解決	26. write down 寫下	

◆ 動詞之中，及物動詞可接續受詞，所以及物動詞片語當然也可以接續受詞，但是這種及物動詞的動詞片語又分為二種，一種是可分離式（佔大部分）、一種是不可分離式（較少）。

二、可分離式動詞片語

◆ 可分離式的動詞片語是指，動詞片語在接續受詞時，動詞和副詞可以分離，受詞可以放在中間，但是仍要注意小細節。

◆ 若受詞是一般名詞時，一般名詞放後面是平常情形，而放中間也可以。習題解答（二）1

- turn on the fan
  = turn the fan on　打開電扇

  （說明）「the fan」是一般名詞，放後面、放中間皆可。

◆ 若受詞是代名詞時，代名詞只能放中間。習題解答（二）2

- turn it on（不能說turn on it）　打開它

  （說明）「it」是代名詞，只能放中間。

◆ 以上所列的26個動詞片語不但都是及物動詞片語，而且都是可分離式的及物動詞片語。

三、不可分離式動詞片語　習題解答（三）

◆ 不可分離式動詞片語，就算是可接續受詞的及物動詞片語，本身也不可分離。例如：「get off」、「stand up」、「nod off」。

◆ 「get off（下車）」屬於及物動詞的動詞片語，可接受詞，譬如「get off the bus（下巴士）」，但「get」和「off」不可分離。

◆ 「stand up（站起來）」的「stand」譯成「站」時，是不及物動詞，所以「stand up」是不及物動詞片語。不及物動詞或片語本來就不能接受詞，更不用談「stand」和「up」分離了。

◈ 「nod off（打瞌睡）」是不及物動詞片語，不能接受詞，更不必談
「nod」和「off」分離了。

可以接續受詞的時機

◈ 英文文法上，只有及物動詞和介詞才可以接受詞。

* I like you. 我喜歡你。

（說明）「like（喜歡）」是及物動詞，「you（你）」是受詞。

* I wait for him. 我等他。

（說明）「for」是介詞，「him（他）」是受詞。文法上，受詞若有
受格要用受格，所以本句的「他」要用「受格him」，不能用
「主格he」。

現學現考・常讀常考

◆ 考前要先複習並在每頁左上角或右上角簽上日期記錄。

◆ 請以口測優先，多做口測，再筆測。測驗日期、測驗結果考官都要記錄。

◆ 不論口測、筆測、自測、師測或家長測，一定要測到熟透方可。

◆ 答案區在教材中，以 習題解答（一） 、 習題解答（二） ……等標示。

（一）請講出下列動詞片語的中文意思。

1. burn down	2. check out	3. cheer up
4. clean up	5. full up	6. find out
7. give away	8. give back	9. give up
10. knock down	11. look up	12. pick up
13. put on	14. show off	15. take off
16. take out	17. throw away	18. tidy up
19. try on	20. turn down	21. turn off
22. turn on	23. wake up	24. wipe out
25. work out	26. write down	

（二）可分離式動詞片語

1. 若接一般名詞當受詞時，一般名詞可放哪二個地方？請講出「打開電扇」的英文。（共有二種講法）

2. 若接代名詞當受詞時，受詞只能放哪裡？請講出「打開它」的英文。

（三）不可分離式的動詞片語有哪些？

memo

第三篇

形容詞、副詞、
介詞、連接詞

第1單元 形容詞（七年級）

◆ 「漂亮的」、「可愛的」、「……的」等，我們稱這些字為「形容詞」，是人類表達心情意境很重要的詞類。

◆ 形容詞有二大功能，一是形容名詞、二是當補語。補語就是補充的話，有些句子若沒有加上補語，人家是會看不懂的。

一、形容詞的功能

（一）先談形容詞當補語　習題解答（一）

◆ 形容詞當補語簡稱「形當補」，下列英文動詞的後面就常接形容詞當補語，表達另一種不同的情境。

1. be動詞接形當補。be動詞包括：「am」、「are」、「is」、「was」、「were」等。

• I am happy.

　我 是 快樂的 ＝我很快樂。

　　　　（形當補）

2. 連綴動詞接形當補。連綴動詞包括：「look（看起來）」、「smell（聞起來）」、「taste（嚐起來）」、「sound（聽起來）」、「feel（感覺）」、「get（變得）」、「become（變成）」、「seem（似乎）」、「appear（似乎）」等。

• He looks happy.

　他 看起來快樂的 ＝他看起來很快樂。

　　　　（形當補）

3. 有些動詞也常接形當補。這些動詞是:「make」當使役動詞譯成
　　「使」的時候、「keep」譯成「保持」的時候、「stay」譯成「保
　　持」的時候、「find」譯成「發覺」的時候。

- He <u>makes</u> me happy.

  　他　　使　　我　快樂的　＝他使我快樂。
  　　　　　　　　　　↓
  　　　　　　　（形當補）

- I <u>keep</u> my room clean.

  　我 保持 我的 房間 乾淨的 ＝我使我的房間保持乾淨。
  　　　　　　　　　　↓
  　　　　　　　（形當補）

- I <u>stay</u> happy.

  　我保持 快樂的 ＝我保持快樂。
  　　　　　↓
  　　　（形當補）

- I <u>find</u> your bed comfortable.

  　我發覺 你的　床　　舒適的　　＝我發覺你的床很舒適。
  　　　　　　　　　　↓
  　　　　　　　（形當補）

（二）談形容詞如何形容「名詞」

◈ 形容詞另一功能是形容名詞。「漂亮的女孩」、「可愛的小狗」、
「在教室的男孩」等,形容詞「漂亮的」是形容名詞「女孩」、「可
愛的」是形容名詞「狗」、「在教室的」是形容名詞「男孩」,這些
都是我們平常就很熟悉的談話方式。但是要注意的是,以中文而言,
形容詞都是放在名詞的前面,但是英文的形容詞,有放在名詞前面
的,也有放在名詞後面的。

1. 單字型的形容詞放在名詞前面，和中文一樣。

- She is a beautiful girl.

  她是一位漂亮的女孩。

  (說明) 形容詞「beautiful（漂亮的）」就是放在名詞前面的形容詞，它們是屬於單字型的形容詞。

2. 有些字詞、字群、介詞片語或較多文字的子句，則必須放在名詞後面，由後往前形容名詞，和中文順序完全相反。

◇ 這些放在名詞後面，用來形容名詞的字詞、字群、介詞片語或子句，作者特別為它取名為「名詞後強調區」，而在前面被形容的名詞，文法上稱它為「名詞先行詞」。這些「名詞後強調區」本書在第一篇第7單元已提前做詳細解說，在此只舉二例說明： 習題解答（三）

- The boy in the classroom is Tom.

  那位男孩　　　在教室裡　　　是 湯姆

  名詞　　　「介詞片語」當強調區
  （先行詞）　　（形容名詞boy）

  ＝在教室裡的那位男孩是湯姆。

  (說明) 上列例句中，介詞片語「in the classroom」放在名詞「boy（男孩）」後面，由後往前形容「boy」，譯成「在教室裡的男孩」。這種句型，作者稱它為「名詞後介片強調區」。

- The boy who loves Mary is Peter.

  那位男孩　他（呢）愛瑪莉　是 彼得

  名詞　　「子句」當強調區
  （先行詞）（形容名詞boy）

  ＝愛瑪莉的那位男孩是湯姆。

說明 上列例句中，句子型的子句「who loves Mary」放在名詞「boy（男孩）」後面，由後往前形容「boy」，譯成「愛瑪莉的那位男孩」。這種句型作者稱之為「名詞後子句強調區」，傳統文法書或坊間文法書則稱之為「形容詞子句」。因為它是一個子句，當成形容詞使用，用來形容名詞「boy」。

二、形容詞的各種樣子

（一）單字型的形容詞

◆ 譬如「beautiful（美麗的）」是單字型的形容詞。

（二）名詞後強調區也是一種形容詞

◆ 放在名詞後面的強調區共有七種。（詳細解說可見第一篇第7單元）

（三）一般動詞的「Ving（現在分詞）」和「p.p.（過去分詞）」也可當形容詞

◆ 現在分詞有「在」的含意，因為現在分詞可以和be動詞構成進行式（正在），所以現在分詞當形容詞時，也有「在」的含意。譬如：「a sleeping boy（一個在睡覺的男孩）」。「sleeping」是「sleep」的現在分詞，可譯成「在睡覺的」。

◆ 過去分詞有「已」或「被」的含意，因為過去分詞可以和have系列構成完成式（已經），也可以和be動詞構成被動式（被），所以過去分詞當形容詞時，也有「已」或「被」的含意。譬如「a broken glass（一個破碎的玻璃杯）」。「broken」是「break」的過去分詞，可譯成「已打破的」或「被打破的」。習題解答（二）1.2

（四）感受型動詞的「Ving（現在分詞）」和「p.p.（過去分詞）」也可當形容詞

◆ 過去分詞常譯成「感到……的」，現在分詞常譯成「令人感到……的」。感受型動詞的現在分詞和過去分詞，本書在第二篇動詞中有詳細解說，以下只舉二例說明，例句使用的感受型動詞是「interest（使興趣）」。

- I am interested in English. 習題解答（二）3

  我 是 感到興趣的於　英語

  ＝我對英語感到興趣。

- The movie is interesting to me. 習題解答（二）4

  那　電影　是令人感到有趣的對 我

  ＝那電影對我而言很有趣。＝我對那電影感到興趣。

  (說明)「interested」是過去分詞，「interesting」是現在分詞。

三、與形容詞相關的英語習慣和特例

（一）「the」＋形容詞可以代表全體　習題解答（四）

the poor	the rich	the blind	the sick
這 窮的	這 富有的	這 盲的	這 生病的
＝窮人們	＝富人們	＝盲人們	＝病人們

（二）有很多形容詞字尾是ly，不是副詞　習題解答（五）

◆ 在英語，很多副詞是從形容詞＋ly而來，譬如：形容詞「proud（驕傲的）」＋ly變成副詞「proudly（驕傲地）」。但是有些形容詞天生就

有ly尾，它們不是副詞，而是形容詞，既然它們是形容詞就是形容詞的用途。

friendly	likely	lonely	ugly
友善的	可能的	孤單的	醜的

• He is friendly.

　他 是 友善的 ＝他很友善。

（說明）「friendly」是形容詞就具備形容詞的功能。例句中的「friendly」是在be
動詞「is」後面當補語（形當補）。

現學現考・常讀常考

◆ 考前要先複習並在每頁左上角或右上角簽上日期記錄。

◆ 請以口測優先，多做口測，再筆測。測驗日期、測驗結果考官都要記錄。

◆ 不論口測、筆測、自測、師測或家長測，一定要測到熟透方可。

◆ 答案區在教材中，以習題解答（一）、習題解答（二）……等標示。

（一）形容詞可以當補語，請以下列例句做說明。

1. I am happy.	2. He looks happy.
3. He makes me happy.	4. I keep my room clean.
5. I stay happy.	6. I find your bed comfortable.

（二）請唸出下列英文例句，並說明哪個字擔任形容詞的角色？

1. a sleeping boy（一個在睡覺的男孩）

2. a broken glass（一個破碎的玻璃杯）

3. I am interested in English.（我對英語感到興趣。）

4. The movie is interesting to me.（那電影對我而言很有趣。）

（三）有些字詞、字群、介詞片語或子句是放在名詞「後面」的形容詞，由後往前形容名詞，作者特別為它們取名為什麼？請唸出以下例句，並說明哪部分是放在名詞後面的形容詞？被形容的名詞是哪一個？文法上稱這樣的名詞叫做什麼？

1. The boy in the classroom is Tom.

2. The boy who loves Mary is Peter.

（四）請說明下列字詞意思。

| 1. the poor | 2. the rich | 3. the blind | 4. the sick |

（五）下列的字雖然有ly尾，卻是形容詞，請唸出來並將它們譯成中文。

| 1. friendly | 2. likely | 3. lonely | 4. ugly |

第2單元 形容詞比較級和最高級（八年級）

◆ 形容詞比較級常譯成「比較……的」，最高級常譯成「最……的」，都是我們日常講話會用到的用語。習題解答（二）

◆ 在英文，只有形容詞和副詞才有比較級和最高級。習題解答（一）

◆ 研讀形容詞比較級和最高級要先了解以下重要觀念：一般形容詞是放在名詞前形容名詞，或是在be動詞、連綴動詞等後面當補語，若是改用比較級或最高級，位置也一樣，只是比較級、最高級「字的樣子」有些不同，然後句子中會增加一些其他必須用到的字詞而已。習題解答（三）

- I am tall. 我很高。

  ⇒ I am taller. 我比較高。

  ⇒ I am taller than you. 我比你高。

  （說明） 比較級「taller（比較高的）」仍在原級「tall（高的）」的位置，只是字的樣子由「tall」變成「taller」，若想做比較，句中才增加必須用到的英文字「than（比）」。

一、形容詞比較級和最高級的樣子　　習題解答（四）

◆ 形容詞的比較級，是將形容詞字尾變成er、或在形容詞前面加副詞「more」，都表示「較」、「更」的意思。

◆ 形容詞的最高級，是將形容詞的字尾變成est、或在形容詞前面加副詞「most」，都表示「最」的意思。

（一）單音節的形容詞

◈ 一般的形容詞，字尾直接＋er或est；若已有e尾，則只要＋r或st即可。

原級	比較級	最高級
long 長的	longer 較長的	longest 最長的

◈ 字尾是「子音＋母音＋子音」的形容詞，先重複最後一個子音，再＋er或est。（口訣：子母子＋子再加er或est變比較級或最高級）

原級	比較級	最高級
big 大的	bigger 較大的	biggest 最大的

（二）雙音節或雙音節以上的形容詞

◈ 比較級是在形容詞前面加「more」，最高級是在形容詞前面加「most」。

原級	比較級	最高級
careful 小心的	more careful 較小心的	most careful 最小心的

（三）例外情形的形容詞

◈ 雙音節或雙音節以上、且字尾是「子音y」的形容詞，比較級是先將y改成i再＋er，最高級是先將y改成i再＋est，並不是像一般雙音節和雙音節以上的形容詞，在形容詞前面加「more」、「most」。

原級	比較級	最高級
pretty 漂亮的	prettier 較漂亮的	prettiest 最漂亮的

◆ 有些雙音節形容詞，可在形容詞前面加「more」、「most」，也可將或字尾變成er、est，二種都可以的。

原級	比較級		最高級	
friendly 友善的	more friendly	較友善的	most friendly	最友善的
	friendlier		friendliest	

◆ 有些單音節的形容詞本來該在字尾加er或est，卻在前面加「more」或「most」。

原級	比較級	最高級
fun 有趣的	more fun 較有趣的	most fun 最有趣的

※類似的單音節形容詞：「tired（累的）」、「glad（高興的）」、「fond（喜歡的）」、「pleased（令人滿意的）」等。

（四）不規則形容詞

◆ 有些形容詞的比較級和最高級是不規則的，它們的比較級和最高級既不是把字尾變成er、est，也不是在形容詞前面加「more」、「most」。

原級	比較級	最高級
good 好的	better 較好的	best 最好的
well 好的、健康的	better 較健康的	best 最健康的
bad 壞的	worse 較壞的	worst 最壞的
ill 生病的、惡劣的	worse 較惡劣的	worst 最惡劣的
many、much 很多的	more 較多的	most 最多的

little 少的	less 較少的	least 最少的
old 老的	elder 較年長的 older 較老的（規則型）	eldest 最年長的 oldest 最老的（規則型）

二、形容詞比較級和最高級的句型

◇ 作者從形容詞一步步推演到形容詞的比較級和最高級句型的來源，非常好懂、好學。

（一）形容詞比較級句型　習題解答（五）

◇ 比較級若有做比較，是二人互比或二者互比。

- The bridge is long. 這座橋是長的。＝這座橋很長。

  ⇒ The bridge is longer. 這座橋是較長的。

  ⇒ The bridge is longer than that one. 這座橋比那座長。

  （說明）將「long（長的）」改用比較級「longer（較長的）」表示，加上「than（比）」，就形成比較級句型。

- The bridge is the longer of the two. 這座橋在二座橋中比較長。

  （說明）若用介詞片語「of the two（二者之中）」，就不必用「than（比）」這個字，但仍可表現二者比較之意，也是比較級的表現方式之一。切記，英文是活的，表達的方式是多元的。

（二）形容詞最高級句型　習題解答（六）

◇ 最高級若有做比較，是至少三人或三者以上做比較。

- The bridge is long. 這座橋很長。

  ⇒ The bridge is the longest. 這座橋是最長的。

  ⇒ The bridge is the longest in the world. 這座橋是世界上最長的。

說明 將「long（長的）」改用最高級「longest（最長的）」，加上可代表至少三人和三者的介詞片語「in the world（在這世界）」，就形成最高級句型。要注意，使用英文形容詞最高級時，前面要加定冠詞「the」，這是英文習慣。而介詞片語「in the world」是表示至少有三座橋，而這座橋是最長的。另外，若要表示至少有三座橋，也可以用介詞片語「of the three（三者之中）」、「of all（所有之中）」、「in the city（在這城市中）」等。

小叮嚀

形容詞的原級句型　習題解答（七）

◆ 形容詞有種句型「像……一樣……」，這種句型英文文法上叫做「形容詞的原級」，我們以「他像湯姆一樣高」說明這種句型的來源。

- He is tall. 他是高的。＝他很高。

  ⇒ He is tall as Tom.（×）

  ⇒ He is as tall as Tom.（○）　他像湯姆一樣高。

  說明 本句中的第二個「as（像）」是介詞，「像湯姆」用「as Tom」是沒錯，但是「tall（高的）」前面也要加另一個「as（如此地）」，這個「as」是副詞。「像……一樣……」，英文要說「as...as...」，要有二個「as」，這是英文習慣性的搭配，若寫成「He is tall as Tom.」少一個「as」是不行的。

三、形容詞比較級和最高級的小細節 習題解答（八）

（一）形容詞比較級的小細節

◆ 「than」後面要視情況選擇接續什麼字詞。

- He is taller than I.

  = He is taller than me. 他比我高。

  （說明）以上二句都可以表示「他比我高」，「than」接「主格I」是一般用法，「than」接「受格me」是口語用法。

- Your hair is shorter than mine. 你的頭髮比我的短。

  （說明）本句「than」後面接的「mine」＝「my hair」，可見「than」後面接什麼東西要依實際情形而定。讀英語要活讀。

◆ 比較級的前面可以再加一些其他的副詞，表示更多種意思，譬如加上「much（更多地）」。

- The bridge is longer than that one. 這座橋比那座橋長。

  ⇒ The bridge is <u>much</u> longer than that one. 這座橋比那座橋長的多。

  （說明）類似「much」的副詞有：「a lot（很多）」、「a little（有一點）」、「far（很）」、「even（甚至）」、「really（真地）」。

◆ 比較級前面如果是加上數量或倍數等用詞，則又可表示另一種意境。

- The bridge is <u>two hundred meters</u> longer that that one.

  這座橋比那座橋長200公尺。

- The bridge is <u>two times</u> longer than that one.

  這座橋比那座橋長二倍。

◆ 如果想用形容詞表達「越來越……的」，可以使用兩個比較級表示（er尾＋er尾或「more」＋「more」）。

- It is getting darker and darker.

  天空漸漸變得越來越暗。

- Mary is becoming more and more beautiful.

  瑪莉漸漸變得越來越美麗。

◎ 語言是活的，只要改變說法，用比較級也可以說出最高級「最」的意
  境。

- He is taller than any other student in his class.

  他 是較高的 比 任何 其他　學生　在他的班裡

  ＝他比班上其他任何學生都較高。

- ＝ He is the tallest in his class.

  他 是　最高的　在他的班裡

  ＝他是班上最高的。

（二）形容詞最高級的小細節

◎ 最高級前也可加上序數（第一、第二……）。

- The bridge is the longest in the world.

  這座橋是世界上最長的。

  ⇒ The bridge is the second longest in the world.

  這座橋是世界上第二長的。

◎ 如果要表示「最……之一」，只要推出「one（一）」再加上介詞「of
  （屬於……的）」。

- Mary is the most beautiful girl in her school.

  瑪莉是她的學校最美麗的女孩。

  ⇒ Mary is one of the most beautiful girls in her school.

  瑪莉是她的學校裡最美麗的女孩之一。

◇ 形容詞最高級前並不是只能使用定冠詞「the」，可視語意替換字詞。

- Mary is <u>my</u> best friend. 瑪莉是我最好的朋友。

  (說明) 先前提過，形容詞最高級前面要加定冠詞「the」，但是在本句若用「the」，則「Mary is the best friend.」將會語意不清，所以要用「my」。作者在第一篇中有提過，「a（一）」、「my（我的）」、「your（你的）」、「Tom's（湯姆的）」、甚至「the」，都是同一掛，依實際情形，只要意思清楚、明確，同一掛的東東可互換。英文不是死板的。

現學現考・常讀常考

◎ 考前要先複習並在每頁左上角或右上角簽上日期記錄。

◎ 請以口測優先，多做口測，再筆測。測驗日期、測驗結果考官都要記錄。

◎ 不論口測、筆測、自測、師測或家長測，一定要測到熟透方可。

◎ 答案區在教材中，以習題解答（一）、習題解答（二）……等標示。

（一）只有哪二種詞類才有比較級和最高級？

（二）形容詞比較級和最高級常譯成什麼？

（三）研讀形容詞比較級和最高級先要了解什麼重要觀念？

（四）請說明下列的形容詞如何變成比較級和最高級。

1. long 長的	2. big 大的	3. careful 小心的	4. pretty 漂亮的
5. friendly 友善的	6. fun 有趣的	7. good 好的	8. bad 壞的
9. well 好的、健康的		10. ill 生病的、惡劣的	
11. many、much 很多的		12. little 少的	13. old 老的

（五）請講出下列形容詞比較級句型的英文。

1. 這座橋是長的。	2. 這座橋是較長的。
3. 這座橋比那座長。	4. 這座橋在二座橋中比較長。

（六）請講出下列形容詞最高級句型的英文。

1. 這座橋很長。	2. 這座橋是最長的。
3. 這座橋是世界上最長的。	

（七）請講出下列句子的英文，說明形容詞原級的句型「像⋯⋯一樣⋯⋯」的來源。

1. 他是高的。	2. 他像湯姆一樣高。

（八）請講出下列句子的英文。

1. 他比我高。	2. 你的頭髮比我短。

3. 這座橋比那座橋長。 ⇒ 這座橋比那座橋長的多。

4. 天空漸漸變得越來越暗。	5. 瑪莉漸漸變得越來越美麗。

7. 他是班上最高的。（二種講法）

8. 這座橋是世界上最長的。 ⇒ 這座橋是世界上第二長的。

9. 瑪莉是她的學校裡最美麗的女孩。

   ⇒ 瑪莉是她的學校裡最美麗的女孩之一。

第3單元　副詞（七年級）

一、副詞的意義和功能

◎ 副詞常譯成「……地」，但不一定要有「地」才是副詞。

◎ 副詞的主要功能和任務是形容動詞、形容詞、其他副詞，其中以形容動詞最多。（有些文法書說，副詞也可形容全句，值得參考。）

習題解答（一）

- I am happy.　　　⇒ I am <u>very</u> happy.　習題解答（二）1

  我是 快樂的　　　　我 是 非常地 快樂的

  ＝我很快樂。　　＝我非常快樂。

  （說明）上列例句中，「very（非常地）」是副詞、「happy（快樂的）」是形容詞，「very」用來形容「happy」。

- I run fast.　　　⇒ I run very fast.　習題解答（二）2

  我跑 快地　　　　我 跑 非常地 快地

  ＝我跑很快。　　＝我跑非常快。

  （說明）上列例句中，「fast（快地）」是副詞，是用來形容動詞「run（跑）」。副詞「very」則是用來形容副詞「fast」。

◎ 副詞既為「副」，就不是「正」，在文法結構上就不是「非要不可」。它只是插花、襯托的角色，句中若有副詞，只是使句子的意思或情境不同，若把副詞去掉，句子的結構還是健全的、文法還是對的。

- I am very happy. 我非常快樂。　習題解答（三）1

  （說明）拿掉副詞「very」，變成「I am happy.」，句子的結構還是健全的、文法還是對的，只是意思有些不同。

- I run very fast. 我跑非常快。 習題解答（三）2

  (說明) 如果把兩個副詞「very（非常地）」和「fast（快地）」全部拿掉，剩下「I run.（我跑）」，仍然是一個健全的句子。

◇ 副詞的最主要功能是形容動詞、襯托動詞，包括動作的狀態、時間或地點等，所以，若沒有特殊說明，本單元所談的副詞，大都是以「形容動詞」為主。

二、副詞的樣子　習題解答（四）

◇ 廣義而言，凡是用來形容「動詞」的字詞、介詞片語或子句，都具備副詞功能，都可以視為副詞。所以，副詞的樣子可以是一個字，也可以是介詞片語，也可以是一個子句。

- He runs every day.

  他　跑　　每　天　＝他每天跑。
  　　　　　　↓
  　　　（時間副詞）

  (說明)「every day（每天）」是時間，在句中是襯托動詞「runs（跑）」的時間，用來形容動詞，就是副詞功能，所以稱之為「時間副詞」。

- He runs twice a day.

  他　跑　二次 一 天　＝他一天跑二次。
  　　　　　　↓
  　　　（次數副詞）

  (說明)「twice a day（一天二次）」是表示次數，在句中襯托動詞「runs（跑）」的次數，用來形容動詞，是副詞功能，所以稱之為「次數副詞」。

- He runs here.

  他　跑 在這裡 ＝他在這裡跑。
  　　　　↓
  　（地點副詞）

「here（在這裡）」在本句中是表示地點，是襯托動詞「runs（跑）」的地點，用來形容動詞，是副詞功能，所以稱之為「地點副詞」。

- He runs <u>in the morning</u>.

他　跑　<u>在　　早晨</u>　＝他在早晨跑。

（介片當副）

「in」是介詞，「in the morning（在早晨）」是介詞片語，本身又是時間，所以簡稱為「時間介片」，本句中，時間介片「in the morning」是襯托動詞「runs（跑）」的時間，用來形容動詞，是副詞功能，作者特別稱之為「時間介片當副」，或簡稱「介片當副」。

- He runs <u>in the classroom</u>.

他　跑　<u>在　　教室裡</u>　＝他在教室裡跑。

（介片當副）

「in the classroom」是介詞片語，本身又是地點，所以簡稱為「地點介片」。這個「地點介片」在句中是襯托動詞「runs（跑）」的地點，用來形容動詞「runs」，是副詞功能，作者特別稱之為「地點介片當副」，或簡稱「介片當副」。

- I was sleeping <u>when you came</u>.

我　正在睡覺　<u>當　你　來</u>　＝你來時，我在睡覺。

（子句當副）

文法上，「when（當）」叫做從屬連接詞，它所帶的子句「when you came（當你來）」叫做從屬子句。這個子句的用途，是襯托主要子句「I was sleeping」的本動詞「sleeping（睡覺）」的時間情境，用來形容動詞，是副詞功能，所以這個子句又可稱為「副詞子句」，在作用上則稱之為「子句當副」。記得，任何副詞（包括副詞子句「when you came」）都只是插花、襯托的角色，本句若拿掉「when you came」，句子只剩「I am sleeping.」，結構還是健全的、文法還是對的。

三、特別談「頻率副詞」

◇ 有一種副詞叫做「頻率副詞」，它的特性是喜歡黏在動詞的旁邊，去形容動詞。這些頻率副詞如下。習題解答（五）1

1. always（總是）	2. often（時常）	3. usually（通常）
4. sometimes（有時候）	5. seldom（很少）	6. never（從不）

◇ 當頻率副詞要黏在be動詞（「am」、「are」、「is」等）旁邊時，要黏在be動詞的後面，中英文字面翻譯的順序要相反，簡稱「中英反」。習題解答（五）2

- He is often busy. 他時常是很忙。
   （是）（時常）

◇ 如果頻率副詞要黏在一般動詞旁邊時，要黏在一般動詞前面，中英文字面翻譯的順序相同，簡稱「中英同」。習題解答（五）3

- He often plays basketball. 他時常打籃球。
   （時常）（打）

◇ 回答時若是簡答，則頻率副詞一律都要黏在動詞前面（包括be動詞在內），中英文字面翻譯的順序相同，簡稱「中英同」。
習題解答（五）4

- Yes, I usually do. 是的，我通常如此。

◇ 用命令句、祈使句時，頻率副詞也一律黏在動詞前面（包括be動詞在內），中英文字面翻譯的順序相同，簡稱「中英同」。
習題解答（五）5

- Never be late. 絕不要遲到。

◆ 「sometimes（有時候）」和「often（時常）」這二個頻率副詞除了喜歡黏在動詞旁邊外，「sometimes」常放在句首或句尾，「often」也常放在句尾。習題解答（五）6

- I sometimes play basketball.

  = Sometimes I play basketball.

  = I play basketball sometimes.　我有時候打籃球。

- I often play basketball.

  = I play basketball (very) often.　我常打籃球。

◆ 副詞「also（也）」也喜歡黏在動詞的旁邊，黏法和頻率副詞相同。
習題解答（六）

- I am also a student.　我也是一位學生。

  （是）（也）

  說明 副詞「also」黏在be動詞「am」後面，中英文字面翻譯的順序相反，簡稱「中英反」。

- I also go to school.　我也去上學。

  （也）（去）

  說明 副詞「also」黏在一般動詞「go」前面，中英文字面翻譯的順序相同，簡稱「中英同」。

- Yes, I also am.　是的，我也是。

  （也）（是）

  說明 回答時若是簡答，則副詞一律都要黏在動詞前面（包括be動詞在內），中英文字面翻譯的順序相同，簡稱「中英同」。

四、「副詞」的小細節

（一）由形容詞＋ly字尾變來的副詞

◈ 有很多副詞是由形容詞字尾加ly變化而來，但是加ly的時候，還是要注意小細節：習題解答（七）

  1. 一般的形容詞，字尾直接＋ly，譬如：「proud（驕傲的）」⇒「proudly（驕傲地）」。

  2. 字尾是子音y的形容詞，要先將y改成i再＋ly，譬如：「happy（快樂的）」⇒「happily（快樂地）」。

◈ 有些形容詞加上ly變成副詞以後，意思變的和原本的形容詞很不同，譬如：形容詞「hard（艱苦的、硬的）」⇒副詞「hardly（幾乎不）」，形容詞「late（遲的）」⇒副詞「lately（近來、最近）」，形容詞「short（短的、矮的）」⇒副詞「shortly（不久）」。
習題解答（九）

※要注意，有很多形容詞的字本身就有ly字尾，不要誤以為只要有ly字尾就是副詞，譬如：「friendly（友善的）」、「lovely（可愛的）」、「likely（可能的）」、「lonely（孤單的）」、「ugly（醜的）」。
習題解答（八）

（二）和形容詞「字」相同的副詞

◈ 副詞有很多，其中有些副詞和形容詞是完全相同的「字」，譬如：「late」可當形容詞「遲的、晚的」，也可當副詞「遲地、晚地」，形容詞和副詞用途不同。所以相同的字，若詞類不同，用途就不同，譬如形容詞常用來當補語，副詞常用來形容動詞。

- I am <u>late</u>. 習題解答（十）1

  我 是 遲的 ＝我遲到了。

  （說明）此句，「late」是形容詞，在be動詞「am」後面當補語（形當補）。

- I get up <u>late</u>. 習題解答（十）2

  我 起床 遲地 ＝我起床起的很晚。

  （說明）此句，「late」是副詞，形容動詞片語「get up」。

◈ 和形容詞「字」相同的副詞，最常見的如下。習題解答（十一）

形容詞	副詞	備註
fast 快的	fast 快地	
early 早的	early 早地	
near 近的	near 近地	
hard 艱苦的	hard 努力地	「hardly」也是副詞，但意思是「幾乎不」
high 高的	high 高地	
late 遲的	late 遲地	「lately」也是副詞，但意思是「近來、最近」

（三）特別的副詞　習題解答（十二）

◈ 有很多副詞很特別，以下僅列幾個供參考。若有碰到這類副詞，請多收集、研讀。

1. 「before」（在……之前）

- He walks <u>before</u> me.

  他 走 在我之前

  ＝他在我前面走。

  （說明）「before」加受詞時是介詞，譯做「在……之前」。

- Think well <u>before</u> you decide.

　　想　　好地　　在你決定之前

　＝決定前要好好考慮。

（說明）「before」加子句時是連接詞，譯做「在……之前」。

- You walk <u>before</u>.

　　你　　走　　在前

　＝你走在前。

- I never met him <u>before</u>.

　我 未曾 遇見 他　以前

　＝我以前未曾遇過他。

（說明）「before」若未加受詞或子句則是副詞，譯成「以前」或「在前」。

2.「after」（在……之後）

- He walks <u>after</u> you.

　　他　　走　　在你之後

　＝他在你後面走。

（說明）「after」加受詞時是介詞，譯做「在……之後」。

- <u>After</u> he goes, we shall eat.

　　在他走之後　我們　將　吃

　＝他走後，我們就吃飯。

（說明）「after」加子句時是連接詞，譯做「在……之後」。

- You walk before and I will follow <u>after</u>.

　　你　　走　　在前　而我　將　　跟隨　在後

　＝你走在前，我將在後跟著。

（說明）「after」沒加受詞或子句時則是副詞，譯做「在後」。

3. 「around」（在……四周）

- I travel <u>around</u> the world.

  我 旅遊　　在這世界四周

  ＝我做環球旅遊。

  (說明) 「around」加受詞時是介詞，譯做「在……四周」。

- I travel <u>around</u>.

  我旅遊　　四處

  ＝我到處旅遊。

  (說明) 「around」沒加受詞時則是副詞，譯做「四處」。

五、附錄：常見的時間副詞 習題解答（十三）

◈ 中譯含有「今」、「本」的時間副詞：

1. today 今天	2. tonight 今晚
3. this evening（這晚）＝今晚	4. this afternoon（這下午）＝今午
5. this morning（這早晨）＝今晨	6. this year（這年）＝今年
7. this month（這月）＝本月	8. this week（這週）＝本週

◈ 中譯含有「明」、「下」的時間副詞：

1. tomorrow 明天	2. tomorrow morning 明晨
3. tomorrow afternoon 明午	4. tomorrow night 明晚
5. next week 下週	6. next month（下一月）＝下個月
7. next year（下一年）＝明年	

◈ 中譯含有「昨」、「上」、「去」的時間副詞：

1. yesterday 昨天	2. yesterday morning 昨晨
3. yesterday afternoon 昨午	4. yesterday evening 昨晚
5. last night（最後的晚）＝昨晚	6. last week（最後的週）＝上週
7. last month（最後的月） 　＝上個月	8. last year（最後的年）＝去年

◈ 其他時間副詞（一）：

1. a.m. 午前（午夜 12 點到中午 12 點）	
2. p.m. 午後（中午 12 點到午夜 12 點）	
3. noon 正午	4. midnight 午夜（晚上12點）

5. the day after tomorrow（在明天之後的那天）＝後天

6. the day before yesterday（在昨天之前的那天）＝前天

◆ 其他時間副詞（二）：

1. all the time（全部的時間） ＝總是	2. all the year（全部的年） ＝整年

3. day after day 一天又一天；一連許多天

4. day and night（日和夜） ＝日以繼夜	5. every day 每一天

6. every other day（每其他天）＝每隔一天

7. just now（就現在）＝剛剛	8. just then（就那時）＝正當那時
9. later 稍後	10. later on 後來

11. now and then（現在和那時）＝有時候

12. some day 有一天	13. sometimes 有時候

14. sooner or later（較快或稍後）＝遲早

15. the day before 前一天	16. the night before 前一晚

17. the other day（那其他天）＝前幾天

現學現考・常讀常考

◇ 考前要先複習並在每頁左上角或右上角簽上日期記錄。

◇ 請以口測優先，多做口測，再筆測。測驗日期、測驗結果考官都要記錄。

◇ 不論口測、筆測、自測、師測或家長測，一定要測到熟透方可。

◇ 答案區在教材中，以 習題解答（一）、習題解答（二）……等標示。

（一）副詞的任務是形容哪種詞類？其中以形容什麼詞為多？

（二）請說明下列句中什麼是副詞，它是在形容誰？

1. I am very happy.	2. I run very fast.

（三）副詞既為「副」，就不是「正」，請以下列二句說說句中「副詞」的角色。

1. I am very happy.	2. I run very fast.

（四）請將下列例句譯成中文，並說說句中什麼是副詞，如果有特別稱呼也一併說出（譬如時間副詞、介片當副、子句當副等）。

1. He runs every day.	2. He runs twice a day.
3. He runs here.	4. He runs in the morning.
5. He runs in the classroom.	6. I was sleeping when you came.

（五）頻率副詞：

  1. 說說看，頻率副詞有哪些？

  2. 頻率副詞若要黏在be動詞旁邊，要黏在前還是後？請以「He is often busy.」說明。

3. 頻率副詞若要黏在一般動詞旁邊，要黏在前還是後？請以「He often plays basketball.」說明。

4. 回答時若是簡答，則頻率副詞又是要在前或後？請以「Yes, I usually do.」說明。

5. 使用命令句、祈使句時，頻率副詞又是要在前或後？請以「Never be late.」說明。

6. 請用「sometimes」和「often」講出下列例句的英文。

(1) 我有時候打籃球。（三種講法）

(2) 我常打籃球。（二種講法）

（六）有些副詞也喜歡黏在動詞邊，譬如「also（也）」，黏法和頻率副詞相同。請唸出下列英文後譯成中文，並說說「also」和動詞的位置「前後」關係。

| 1. I am also a student. | 2. I also go to school. | 3. Yes, I also am. |

（七）有很多副詞是由形容詞字尾加ly變化而來，但是加ly的時候還要注意些小細節，請將「proud（驕傲的）」和「happy（快樂的）」改成副詞。

（八）有很多形容詞本身就有ly尾，但並不是副詞。這些形容詞如下，請唸出英文，並說出其中文意思。

| 1. friendly | 2. lovely | 3. likely | 4. lonely | 5. ugly |

（九）有些形容詞加上 ly 變成副詞以後，意思變的和原本的形容詞很不同，請唸出下列形容詞和副詞的英文，並說出中文。

形容詞	副詞
hard	⇒ hardly
late	⇒ lately
short	⇒ shortly

（十）有些副詞的字和形容詞完全相同（當然功能不同），譬如「late」可當形容詞（遲的、晚的），也可當副詞（遲地、晚地），請在下列例句中說說「late」的功能。

1. I am late.（我遲到了。）   2. I get up late.（我起床起的很晚。）

（十一）副詞和形容詞「字」相同的有哪些？（儘量說即可）

（十二）請看教材中的例句，說明下列三個字的用法。

1. before   2. after   3. around

（十三）請唸出下列常見時間副詞的英文，並說出中文。

1. today	2. tonight	3. this evening
4. this afternoon	5. this morning	6. this year
7. this month	8. this week	9. tomorrow
10. tomorrow morning	11. tomorrow afternoon	12. tomorrow night
13. next week	14. next month	15. next year
16. yesterday	17. yesterday morning	18. yesterday afternoon
19. yesterday evening	20. last night	21. last week

22. last month	23. last year	24. a.m.
25. p.m.	26. noon	27. midnight
28. the day after tomorrow	29. the day before yesterday	30. all the time
31. all the year	32. day after day	33. day and night
34. every day	35. every other day	36. just now
37. just then	38. later	39. later on
40. now and then	41. some day	42. sometimes
43. sooner and later	44. the day before	45. the night before
46. the other day		

第4單元 副詞比較級和最高級（八年級）

◆ 副詞比較級常譯成「比較……地」，最高級常譯成「最……地」。
習題解答（一）

◆ 在英文，只有形容詞和副詞才有比較級和最高級。

◆ 研讀副詞比較級和最高級要先了解以下重要觀念：副詞若改用比較級
或最高級，副詞位置不變，只是字變成比較級、最高級的樣子，然後
句子中會增加其他必要用到的字詞而已。習題解答（二）

- I run fast. 我跑快地。＝我跑得很快。

  ⇒ I run faster. 我跑得較快。

  ⇒ I run faster than you. 我跑得比你快。

  (說明) 比較級「faster（比較快地）」仍在原級「fast（快地）」的位置，只是
  字的樣子由「fast」變成「faster」，若想做比較，句中才增加必須用到
  的「than（比）」。

一、副詞的比較級和最高級的樣子　習題解答（三）

◆ 副詞比較級、最高級的樣子和形容詞比較級、最高級樣子，有些相
同，有些卻不相同，要特別注意不相同的。

◆ 副詞的比較級，是將副詞字尾變成 er、或在副詞前面加副詞
「more」，都表示「較」、「更」的意思。（和形容詞比較級相同）

◆ 副詞的最高級，是將副詞字尾變成 est、或在副詞前面加副詞
「most」，都表示「最」的意思。（和形容詞最高級相同）

（一）單音節的副詞

◆ 一般的副詞，直接＋er或est；若已有e尾，則只要＋r或st即可。

原級	比較級	最高級
fast 快地	faster 較快地	fastest 最快地

（說明）這種情形和形容詞改比較級、最高級相同。

（二）雙音節或雙音節以上的副詞

◆ 比較級是在副詞前面加「more」，最高級是在副詞前面加「most」。

原級	比較級	最高級
often 時常	more often 較常	most often 最常

（說明）這種情形和形容詞改比較級、最高級相同。

（三）例外情形的副詞

◆ 雙音節或雙音節以上、且字尾是「子音y」的副詞，比較級是先將y改成i再＋er，最高級是先將y改成i再＋est。這種情形和形容詞改比較級、最高級相同。

原級	比較級	最高級
early 早地	earlier 較早地	earliest 最早地

（說明）像「early」這種副詞，字的本身本來就有ly，字尾是「子音y」，所以改比較級、最高級和形容詞相同。

◆ 特別注意以下和形容詞改比較級、最高級不同的副詞。

原級	比較級	最高級
slowly 慢地	more slowly 較慢地	most slowly 最慢地

說明 副詞若是從形容詞＋ly變化來的，這種ly不能看成字尾子音y，不能把y改成i再＋er或est，而是要在前面加「more」、「most」。譬如：「slowly（慢地）」是由形容詞「slow（慢的）」＋ly變來的，就不能把這個ly看成字尾子音y，不能把y改成i再＋er或est，變成「slowlier」或「slowliest」，而是要在副詞前面加「more」、「most」，變成「more slowly」、「most slowly」才是正確的。

（四）不規則副詞

◈ 有些副詞的比較級和最高級是不規則的，它們的比較級和最高級既不是把字尾變成er、est，也不是在副詞前面加「more」、「most」。

原級	比較級	最高級
well 好地	better 較好地	best 最好地
badly 拙劣地	worse 較拙劣地	worst 最拙劣地
much 多地	more 較多地	most 最多地
little 少地	less 較少地	least 最少地

◈ 有些副詞變成比較級、最高級後意思變了不少，要注意。

習題解答（四）

原級	比較級	最高級
late 遲地、晚地	later 稍後、之後	lastest 最遲地、最近地

二、副詞比較級和最高級的句型

◆ 作者從副詞一步步推演到副詞的比較級和最高級，非常好懂、好學。

（一）副詞比較級句型　習題解答（五）

◆ 比較級若有做比較，是二人互比或二者互比。

- I run fast. 我跑快地。＝我跑得很快。

    ⇒ I run faster. 我跑較快。

    ⇒ I run faster than you. 我跑比你快。

    (說明) 將「fast（快地）」改用比較級「faster（較快地）」，加上「than
    （比）」，就形成比較級句型。

（二）副詞最高級句型　習題解答（六）

◆ 最高級若有做比較，是至少三人或三者以上做比較。

- I run fast. 我跑得很快。

    ⇒ I run (the) fastest. 我跑得最快。

    ⇒ I run (the) fastest in our class. 我在班上跑最快。

    (說明) 介詞片語「in our class（在我們班）」是表示至少有三個人以上，我是
    跑最快地。另外，表示三人以上也可以用介詞片語「of the three（三人
    之中）」、「of all（所有之中）」等。特別叮嚀，形容詞最高級前要加
    定冠詞「the」，但副詞最高級前通常不加，所以在上列例句中，「the」
    加括號，表示「the」可不加，而且最好不加。

小叮嚀

副詞的原級句型 　習題解答（七）

◈ 副詞和形容詞相同，也有一種句型「像……一樣……」，這種
句型文法上叫做「副詞的原級」，我們以「我像湯姆跑一樣
快」說明這種句型的來源。

- I run fast. 我跑很快。

  ⇒ I run fast as Tom. （×） 我像湯姆跑一樣快。

  ⇒ I run as fast as Tom. （○） 我像湯姆跑一樣快。

  （說明）本句中加上介詞片語「像湯姆（as Tom）」是沒錯，但是「fast
  （快地）」前面也要加另一個「as（如此地）」，這個「as」是
  副詞。因為「像……一樣……」英文要說「as... as...」，要有二
  個「as」，這是英文習慣性搭配，若寫成「I run fast as Tom.」少
  一個「as」是不行的。

三、副詞比較級和最高級的小細節

（一）副詞比較級的小細節　　習題解答（八）

◈ 副詞比較級和形容詞比較級一樣，前面也可以再加一些其他的副詞，表示更多種意思。下列例句是加上「much（更多地）」。

* I run faster than you.　我跑比你快。

    ⇒ I run <u>much</u> faster than you.　我跑比你快多了。

    （說明）類似「much」的副詞有：「a little（有一點）」、「still（依然）」、「even（甚至）」。

◈ 如果想用副詞表達「越來越……地」，可以使用兩個比較級表示（er尾＋er尾或「more」＋「more」）。

* I run faster and faster.　我跑得越來越快。

（二）副詞最高級的小細節

◈ 以下二個例句是基測考題，其中的「best（最好地）」和「most（最多地）」都是副詞最高級，用來形容動詞，都要譯成「最」。

* He likes lions <u>best</u> of all the animals.
    在所有動物之中，他最喜歡獅子。

    （說明）介詞片語「of the animals」譯成「在所有動物之中」，代表三人（三者）以上的團體。

* What she wants <u>most</u> now is to go back to school.
    現在她最想要的事是返回學校。

    （說明）上列例句，是由疑問詞子句「what she wants most now」擔任主詞，是一件事，所以是三單，be動詞用「is」。

現學現考・常讀常考

◇ 考前要先複習並在每頁左上角或右上角簽上日期記錄。

◇ 請以口測優先，多做口測，再筆測。測驗日期、測驗結果考官都要記錄。

◇ 不論口測、筆測、自測、師測或家長測，一定要測到熟透方可。

◇ 答案區在教材中，以 習題解答（一）、習題解答（二）……等標示。

（一）副詞比較級和最高級常譯成什麼？

（二）研讀副詞比較級和最高級先要了解什麼重要觀念？

（三）請說說下列副詞如何變成比較級和最高級。

1. fast 快地	2. often 時常	3. early 早地
4. slowly 慢地	5. well 好地	6. badly 拙劣地
7. much 多地	8. little 少地	

（四）有些副詞變成比較級和最高級後意思變了不少，要注意，請說說下列副詞的意思：late ⇒ later ⇒ latest。

（五）請講出下列副詞比較級句型的英文。

1. 我跑得很快。	2. 我跑較快。	3. 我跑比你快。

（六）請講出下列副詞最高級句型的英文。

1. 我跑得很快。	2. 我跑得最快。	3. 我在班上跑最快。

（七）請將下列副詞原級「像……一樣……」句型的來源句翻成英文。

1. 我跑很快。	2. 我像湯姆跑一樣快。

（八）請講出下列句子的英文。

1. 我跑得比你快。我跑得比你快多了。

2. 我跑得越來越快。

第5單元 介詞（七、八、九年級）

一、介詞的意義和用法

（一）介詞的意義

◈ 按英文文法，介詞是後面一定要接名詞系列當受詞的詞類。

◈ 英文所有詞類中，只有及物動詞和介詞後面可以接名詞系列當受詞，介詞位置因為都在受詞之前，英文文法也稱之為「前置詞」，介詞一定要接受詞才符合文法，句子才完整。按英文文法，只有名詞或名詞系列（譬如名詞、代名詞、名詞片語、名詞子句等），才可以當受詞。 習題解答（一）（二）

- I love you. 我愛你。

    說明 「love（愛）」是及物動詞，「you（你）」是受詞。

- Look at me. 看我。

    說明 「at」是介詞，「me（我）」是受詞。

◈ 下個例句中使用的動詞是不及物動詞「go（行走、去）」，就不能接續受詞；若要接續受詞，就必須先接一個介詞，才可以接受詞。

- I go. 我去。

    ⇒ I go to Taipei. 我去台北。

    說明 「to」是介詞，「Taipei」是受詞。

◈ 有的句子的狀態本來就不能接受詞，譬如「I am afraid.（我很害怕）」，「afraid（害怕的）」是形容詞，本來就不能接受詞。若要說「我很怕他」，等於是要接一個受詞「他」，就必須加上一個介詞

「of」，才能加上受詞，句子就會變成「I am afraid of him.（我很怕他）」。

（二）介詞接續的名詞系列　習題解答（三）

◆ 按英文文法規定，介詞後面一定要接受詞，但是只有名詞系列可以當受詞。所謂「名詞系列」指的是具有名詞功能（可當主詞、受詞或補語）的名詞、代名詞、名詞片語或名詞子句等。舉例說明如下。

1. 一般名詞

- I am fond of music. 我很喜好音樂。

    說明　「of」是介詞，「music（音樂）」是一般名詞，當「of」的受詞。

2. 代名詞

- I am afraid of him. 我很怕他。

    說明　「of」是介詞，「him（他）」是代名詞，在此當受詞。按英文文法，受詞若有受格就要用受格，所以「他」用「受格him」，不是用「主格 he」。

3. 動名詞片語

- I am fond of playing basketball. 我很喜好打籃球。

    說明　依文法，當介詞後面接動詞（動作）時，動詞要加ing變動名詞，動名詞就是名詞，所以才可以當介詞的受詞。（動詞加ing請見第一篇第3單元）。本句中，介詞「of」後面接的是動詞「play（打）」，所以要將動詞「play」加上ing，變動名詞「playing」，才可以當介詞「of」的受詞。文法上，「playing」稱為動名詞，「playing basketball」稱為動名詞片語。

4. 疑問詞片語

- I worry about <u>where to meet him</u>.

 我 煩惱　對於　哪裡 去 遇見　他　＝我很煩惱哪裡去會他。

 (說明) 在第一篇第5單元中談過，疑問詞片語具有名詞功能，可當主詞、受詞或補語。本句中，疑問詞片語「where to meet me.」是當介詞「about」的受詞。

5. 名詞子句

- I worry about <u>where I will meet him</u>.

 我 煩惱　對於　哪裡 我 將　遇見　他　＝我很煩惱我要去哪裡會他。

 (說明) 在第一篇第6單元中談過，若將疑問句「Where will I meet him?」中，因改疑問句而改變位置的「will」恢復原位放回「I」的後面，就變成名詞子句「where I will meet him」，就具備名詞功能，可以當主詞、受詞或補語。本句中，名詞子句「where I will meet him」是當介詞「about」的受詞。（文法規定that子句不能當介詞的受詞，所以沒有例句。）

二、介詞片語的意義和功能

（一）介詞片語的意義

◆ 當介詞後面接受詞時，介詞所帶的小隊伍，文法上稱之為「介詞片語」（簡稱介片）。若接的受詞是時間，又特別稱為「時間介片」，譬如「in the morning（在早晨）」；若接的受詞是地點，又特別稱為「地點介片」，譬如「in the classroom（在教室裡）」。

（二）介詞片語的功能　習題解答（四）

◆ 介詞片語（介片）三大功能如下。

 1. 在be動詞後面當補語（簡稱介片當補），是補語功能

- I am in the classroom.　我在教室。

  （說明）本句中介片「in the classroom」是在be動詞「am」後面當補語（介片當補）。

2. 在名詞後當強調區（簡稱名詞後介片強調區），是形容詞功能

- The boy behind me is Tom.

  那　男孩　在我後面　是　湯姆　＝在我後面的男孩是湯姆。

  名詞　　「介片」當強調區
  （先行詞）（形容名詞boy）

  （說明）本句中介片「behind me（在我後面）」是在名詞「boy（男孩）」後面當強調區（名詞後介片強調區）形容名詞「boy（男孩）」，譯成「在我後面的男孩」。名詞後介片強調區在本書第一篇第7單元有詳細說明。

3. 形容動詞，是副詞功能（簡稱介片當副），最常見

- I play basketball with my friend.

  我　打　　籃球　　與　我的　朋友　＝我與我的朋友打籃球。

  （說明）本句中介片「with my friend（與我的朋友）」用來形容動詞「play（打）」，扮演副詞功能，我們稱之為「介片當副」。介片當副詞是介片最常見的用途。

三、最常見的介詞

（一）「to」　習題解答（五）

◆ 「to」有二種身份，一是不定詞、一是介詞，舉例說明如下。

- I want to play basketball.　我想去打籃球。

  （說明）本句中，「to」後面是接動詞「play」的原形，此時「to」的身份是「不定詞」。「to」當不定詞時，可譯成「去」、「為了」或不翻譯。但

是當不定詞「to」放句首時，則常譯成「為了」，譬如：To play it safe, let's go now.（為了保險起見，我們現在走吧）。

- I go to school. 我走到學校。＝我上學。

  (說明) 本句中，「to」後面接的是受詞「school（學校）」，此時「to」的身份是「介詞」。「to」當介詞時常譯成「對」或「到」，譬如：To me, riding a bike is easy.（對我而言，騎腳踏車是很容易的）。

◇ 讀過以上說明後，要知道如何判斷「to」是不定詞或介詞。本單元所談的「to」是「介詞」，介詞後面要接名詞系列當受詞。但是有個例外，就是介詞不能接that子句（連接詞「that」和敘述句形成的名詞子句）當受詞。

（二）「in」 習題解答（六）

◇ 譯成「在……之內」，以下說明中請運用作者提供的特殊記法。

- in the morning 在早晨

  (說明) 早晨在一天之內，所以「在早晨」的介詞「在」用「in」表示。

- in spring 在春天

  (說明) 春天在一年之內，所以「在春天」的介詞「在」用「in」表示。

- in January 在一月

  (說明) 一月在一年之內，所以「在一月」的介詞「在」用「in」表示。

- in 2000 在2000年

  (說明) 2000年在一世紀之內，所以「在2000年」的介詞「在」用「in」表示。

- in two days 在二天內，過二天時間

  (說明) 「in」可譯成「過……時間」要特別注意。

- in the classroom 在教室，在教室裡

- in Taipei 在台北（不是譯成在台北裡）

英文習慣，在大地方的介詞「在」用「in」表示；在小地方的介詞「在」用「at」表示。

- in the sun 在陽光裡

  I sit in the sun. 我坐在陽光裡。

◈ 譯成「用」。

- in ink 用墨水

  I write in ink. 我用墨水寫。

- in English 用英語

  I speak in English. 我用英文講話。

◈ 譯成「對於」。

- I am interested in English.

  我 是 感到興趣的於 英語   ＝我對英語感到興趣。

  說明 本句中，「interested」是感受型動詞「interest（使……有興趣）」的過去分詞，在此擔任形容詞角色「感到興趣的」，從語意也看的出「interested」不能直接接續受詞，若要接續受詞就要先接介詞，在此句型中是接介詞「in」，譯成「對於」。

◈ 譯成「穿」。

- The girl in red is Mary.

  那 女孩 穿紅衣是 瑪莉 ＝穿紅衣的那位女孩是瑪莉。

  名詞　　「介片」當強調區
  （先行詞）（形容名詞girl）

  說明 「穿」一般動詞是用「wear」，若用介詞表示「穿」的意思則可用「in」。換句話說，要表達「穿」可以用動詞，也可以用介詞，語言的表達方式很多元，要活讀、勿死板。

（三）「on」　習題解答（七）

◈ 譯成「在……之上」，以下說明中請運用作者提供的特殊記法。

- on Sunday　在週日（不是譯成在週日上）

  （說明）週日是在日曆之上，所以「在週日」的介詞「在」用「on」表示。

- on Sundays　在每週日

- on Jan. 1　在一月一日

  （說明）一月一日在日曆之上，「在一月一日」的介詞「在」用「on」。

- on time　（在時間之上）＝準時

  （補充）「in time」（在時間之內）＝及時

- on the table　在桌上

- on foot　（在腳之上）＝徒步

◈ 表示「狀況」（但「on」不必譯出）。

- on sale　出售中

- on vacation　度假

- on duty　值班

◈ 譯成「關於」、「論及」。

- a book on animals　一本關於動物的書

  （說明）「on animals」是名詞「book」後的介片強調區。

（四）「at」 習題解答（八）

◈ 譯成「在」。

- at Hualien 在花蓮

  (說明) 在小地方的介詞「在」用「at」表示；在大地方的介詞「在」用「in」表示。

- at nine 在九點

- at none 在正午

- at night 在夜晚

  (說明) 在短時間的介詞「在」用「at」。

◈ 表示「向」（但「at」不必譯出）。

- Look at me. 看我。

- Don't laugh at him. 不要嘲笑他。

  (說明) 以上二例是屬於不及物動詞＋介詞的例子。因為「look（看、瞧）」是不及物動詞，若要加受詞「我」，就要先加介詞，才能接續受詞。依英文習慣，這個介詞要用代表「向」的「at」，變成「Look at me.（看我）」。「laugh（嘲笑）」也是不及物動詞，所以也要先加介詞「at」，才能加受詞「him（他）」，變成「Don't laugh at him.（不要嘲笑他）」。及物動詞（v.t.）、不及物動詞（v.i.）大多會註記在英文字典裡。

◈ 譯成「對於」。

- I am surprised at it.
  我 是 感到驚奇的 對於它 ＝我對它感到驚奇。

- I am good at English.
  我 是 好的對於 英語 ＝我擅長英語。

◈ 表示「狀況」（但「at」不必譯出）。

- at first　最初
- at last　最後
- at least　最少

（五）「for」　習題解答（九）

◈ 譯成「給」。

- This is for you.　這是給你的。

  （說明）「給」的動詞最常見的是「give」，「for」則是用介詞表達「給」。作者時時在提醒學習者，讀語言（含英文）要活讀，多學習各種表達法。

◈ 譯成「為」。

- Tom fights for his country.　湯姆為他的國家而戰。

◈ 譯成「對」。

- The food is not good for you.　這食物對你不好。

◈ 譯成「做為」。

- The meat is not fit for food.　這肉不適合做為食物。

◈ 譯成「赴」。

- I leave for New York.

  我　離　赴　　紐約　　＝我前往紐約。

  （說明）「sail for某地（啟航到某地）」、「leave for某地（離開、啟程到某地）」等的「sail（啟航）」和「leave（離開）」都是不及物動詞，若要表達「到某地」就要加介詞，依英語習慣，加介詞「for」最適合。

◇ 譯成「以……而論」。

- He is tall for his age. 以他的年齡而論，他算是高的。

◇ 「for」接時間時，若英翻中，心中要存有「為時」或「過」的譯法，但正式講（或寫）中文時，則大都不說出「為時」或「過」的字眼。

- I have been here for a week. 我已經在這裡一個星期了。

◇ 表示「狀態」（但「for」不必譯出）。

- I wait for you. 我等你。

  說明 「wait（等）」是不及物動詞，若要接續受詞，則要先接介詞，依英文習慣加「for」最適合。這裡的「for」表示「狀態」，不必譯出。

◇ 表示「心的方向」（但「for」不必譯出）。

- I look for my key. 我尋找我的鑰匙。

  說明 「look（看、瞧）」若加上代表「心的方向」的介詞「for」，可譯成「尋找」。

- I hope for fine weather. 我希望有好天氣。

- I hunger for knowledge. 我渴求知識。

  說明 「hunger（餓、渴望）」若加上代表「心的方向」的介詞「for」，可譯成「渴求」。

◇ 特殊習慣時不譯出。

- Thank you for your kind help. 謝謝你的仁慈幫忙。

  說明 如果只說「Thank you.（謝謝你）」就不需什麼介詞，如果要說「謝謝某人什麼事」，就要加上介詞「for」；但「for」不必譯出中文。這是英文特殊習慣。

（六）「with」 習題解答（十）

◆ 譯成「與」。

- I play basketball with Tom. 我和湯姆打籃球。

◆ 譯成「用」。

- We see with our eyes. 我們用眼睛看。

◆ 譯成「有著」、「有了」、「憑著」。

- The girl with long hair is Mary.

  那 女孩 有著 長 頭髮 是 瑪莉 ＝有著長頭髮的那女孩是瑪莉。

  名詞　　「介片」當強調區
  （先行詞）　（形容名詞girl）

- With his intelligence, he wins the prize. 憑著他的才智，他贏得那獎品。

◆ 譯成「對於」。

- I am bored with his stories. 我很厭倦於他的故事。

- I am pleased with the house. 我們對於這房子很滿意。

  説明　「I am bored.（我是感到厭煩的）」、「I am pleased.（我是感到滿足
  的）」，這兩個句子若要接受詞，表示「對……厭煩」、「對……滿
  意」，要先接介詞，依英文習慣以介詞「with」最適用。

◆ 譯成「雖然」、「儘管」。

- With all his money, he is unhappy. 他雖有那麼多錢，他並不快樂。

◆ 譯成「隨身」。

- I take an umbrella with me.

  我 帶 一 傘 與 我 ＝我隨身帶一把傘。

- He takes an umbrella with him.

　他　帶　一　傘　　與　他　　＝他隨身帶一把傘。

> (說明) 以上二個例句的介詞「with」是譯成「與」，但「with me」、「with him」則譯成「隨身」較貼切。

（七）「by」　習題解答（十一）

◈ 譯成「被」。

- The book is written by him.

　那　書　　被寫　被　他　　＝那本書是他寫的。

> (說明) 「is written（被寫）」是被動語態，介詞「by」譯成「被」。

◈ 譯成「藉（靠）」（用於接地點時）。

- I earn my living by teaching.　我靠教書為生。

> (說明) 可從「I earn my living.（我賺錢謀生）」、「You earn your living.（你賺錢謀生）」兩個句子中看出，「I（我）」和「my（我的）」搭、「You（你）」和「your（你的）」搭，是英文習慣。「by」是介詞，後面接動詞時，動詞要改成動名詞，動名詞就是名詞，所以才能當介詞的受詞，因此「teach」要改成動名詞「teaching」。

◈ 譯成「搭」。

- I go to Taipei by bus.　我搭巴士去台北。

◈ 譯成「經（由）」、「沿」。

- Go by the bridge.　沿橋走去。
- I go by your house every day.　我每天經過你家。
- I go to Japan by Korea.　我經韓國去日本。

> (說明) 譯成「沿」時，近似介詞「along」和「down」；譯成「經（由）」時，近似介詞「through」。

◈ 譯成「旁於」、「在……旁」（用於接地點時）。

- The park is by the house. 那公園在房屋旁。

◈ 譯成「在……之前」（用於接時間時）。

- I'll come here by six o'clock. 我將在六點以前來到這裡。

◈ 其他。

- by myself 靠我自己＝我獨自＝獨自
- by yourself 靠你自己＝你獨自＝獨自

  說明 翻譯「我獨自做這件事」時，結構要變成「我做這件事靠我自己」，所以英文要說「I do this by myself.」。

（八）「from」 習題解答（十二）

◈ 譯成「從」。

- I am from Taiwan. 我來自台灣。

◈ 譯成「防止」、「以免」、「不能」、「不要」。

- They prevent us from coming. 他們阻止我們不能來。
- They stop us from doing this. 他們阻止我們不能做這件事。
- We try to keep from smiling. 我們嘗試保持不要笑。＝我們忍住不笑。

  說明 若「from」譯成「從」不適當時，第二個就先想到譯成「防止」、「以免」、「不能」或「不要」，尤其前面的動詞是「prevent（防止、阻止）」、「stop（停止、阻止）」、「keep（保持）」的時候。

◈ 譯成「與」。

- The house is different from that one. 這間房子與那間不同。

  說明 The house is different.（這間房子很不同），若要說「與……不同」才加介詞「from」。「from」若譯成「與」，大多用在「differ（不同〔動詞〕）」或「different（不同的〔形容詞〕）」的後面。

（九）「out of」 習題解答（十三）

◈ 譯成「從……往外」。

- Don't look out of the window. 不要從窗子往外看。

◈ 譯成「在……外面」（近似介詞「outside」）。

- He is out of the house. 他在房外。
- He is out of the country. 他在國外。

◈ 表示「狀態」（將「在……外面」擴大解釋）。

- He has gone out of sight.

  他　　已走　　在視線外面　＝他已走得看不到了。

- He is out of temper.

  他 是 在脾氣的外面　＝他在發怒。

◈ 譯成「沒有」、「用完」。

- We are out of coffee. 我們沒有咖啡。

（十）「besides」和「except」 習題解答（十四）

◈ 「besides」譯成「除了……，……也」。

- We go swimming besides Tom. 除了湯姆，我們也去游泳。（大家都去）

◈ 「except」譯成「除了……，……都」。

- We go swimming except Tom. 除了湯姆，我們都去游泳。（湯姆沒去）

四、常見的介詞片語（簡稱介片）

◈ 請記得介片三大用途：在be動詞後面當補語（簡稱「介片當補」）、當形容詞用在名詞後面當強調區、當副詞用來形容動詞（簡稱「介片當副」），學了介片才會用。

1. above all （在全部之上）＝尤其	2. after all （在全部之後）＝畢竟
3. after school （在學校之後）＝放學後	4. after class （在班、課之後）＝下課後
5. after work （在工作之後）＝下班後	6. according to (the news) 根據（這新聞）
7. for example 例如	8. in a hurry （在匆忙之中）＝匆匆忙忙
9. in all （在全部之中）＝合計	10. in a loud voice （用一個大的聲音）＝大聲地
11. in a short time （在一個短的時間內） ＝一會兒	12. in my free time （在我的空閒時間內） ＝我空閒時
13. in your free time （在你的空閒時間內） ＝你空閒時	14. in time （在時間之內）＝及時
15. in fact （在事實之內）＝實際上	16. in other words （用其他的字詞）＝換句話說
17. in person （以人）＝親自	18. in public （在公眾下）＝公開地

19. in need （在缺乏之中） ＝在窮困中；在危急中	20. in the future （在那未來）＝在未來；未來
21. in the past （在那過去）＝在過去；過去	22. on foot （在腳上）＝徒步
23. on fire （在火上）＝著火	24. on sale （在廉價上）＝打折
25. on vacation （在度假上）＝度假	26. on my way home 在我的回家路上
27. on my way to school 在我去學校路上（途中）	28. on TV 在電視（螢幕）上
29. on the TV 在電視機上	30. all over the world 遍及全世界
31. as for (playing basketball) 至於（打籃球）	32. at first （在第一）＝首先
33. at last （在最後）＝最後	34. at least （在最少）＝至少
35. at present （在此刻）＝目前	36. at the same time （在這相同的時間）＝同時

※是介詞就有受詞，就會形成介詞片語（介片）。介詞很多，介詞片語更多，本書無法全面列舉。若你有讀到其他的介詞或介詞片語，可收錄在本單元或其他專冊，一併整理、研習。

現學現考・常讀常考

◈ 考前要先複習並在每頁左上角或右上角簽上日期記錄。

◈ 請以口測優先，多做口測，再筆測。測驗日期、測驗結果考官都要記錄。

◈ 不論口測、筆測、自測、師測或家長測，一定要測到熟透方可。

◈ 答案區在教材中，以習題解答（一）、習題解答（二）……等標示。

（一）介詞又叫什麼詞？

（二）英文所有詞類中，只有哪二種詞類後面可以接受詞，而且一定要接受詞？

（三）按英文文法，只有名詞系列才可以當受詞。名詞系列指的是什麼？請唸出下列英文後譯成中文，並說明句中什麼名詞系列在當受詞？

1. I am fond of music.

2. I am afraid of him.

3. I am fond of playing basketball.

4. I worry about where to meet him.

5. I worry about where I will meet him.

（四）請以下列例句說明介詞片語（介片）最常見的功能。

1. I am in the classroom.

2. The boy behind me is Tom.

3. I play basketball with my friend.

（五）介詞「to」有二種身份，請以下列二個例句說明。

1. I want to play basketball.	2. I go to school.

（六）請唸出下列與介詞「in」相關的英文，並譯成中文。請問為什麼1
　　　至4的介詞用「in」？

1. in the morning	2. in spring	3. in January
4. in 2000	5. in two days	6. in the classroom
7. in Taipei	8. in the sun	9. in ink
10. in English	11. I am interested in English.	
12. The girl in red is Mary.		

（七）請唸出下列與介詞「on」相關的英文，並譯成中文。請問為什麼
　　　1至3的介詞用「on」？

1. on Sunday	2. on Sundays	3. on Jan. 1
4. on time	5. on the table	6. on foot
7. on sale	8. one vacation	9. on duty
10. a book on animals		

（八）請唸出下列與介詞「at」相關的英文，並譯成中文。請問為什麼2
　　　至4的介詞用「at」？

1. at Hualien	2. at nine	3. at noon	4. at night
5. Look at me.		6. Don't laugh at him.	
7. I am surprised at it.		8. I am good at English.	
9. at first	10. at last	11. at least	

（九）請唸出下列與介詞「for」相關的英文，並譯成中文。

1. This is for you.	2. Tom fights for his country.
3. The food is not good for you.	4. The meat is not fit for food.
5. I leave for New York.	6. He is tall for his age.
7. I have been here for a week.	8. I wait for you.
9. I look for my key.	10. I hope for fine weather.
11. I hunger for knowledge.	12. Thank you for your kind help.

（十）請唸出下列與介詞「with」相關的英文，並譯成中文。

1. I play basketball with Tom.	2. We see with our eyes.
3. The girl with long hair is Mary.	
4. With his intelligence, he wins the prize.	
5. I am bored with his stories.	6. I am pleased with the house.
7. With all his money, he is unhappy.	8. I take an umbrella with me.
9. He takes an umbrella with him.	

（十一）請唸出下列與介詞「by」相關的英文，並譯成中文。

1. The book is written by him.	2. I earn my living by teaching.
3. I go to Taipei by bus.	4. Go by the bridge.
5. I go by your house every day.	6. I go to Japan by Korea.
7. The park is by the house.	8. I'll come here by six o'clock.
9. by myself	10. by yourself

（十二）請唸出下列與介詞「from」相關的英文，並譯成中文。

1. I am from Taiwan.	2. They prevent us from coming.
3. They stop us from doing this.	4. We try to keep from smiling.
5. This house is different from that one.	

（十三）請唸出下列與介詞「out of」相關的英文，並譯成中文。

1. Don't look out of the window.	2. He is out of the house.
3. He is out of the country.	4. He has gone out of sight.
5. He is out of temper.	6. We are out of coffee.

（十四）請唸出下列與介詞「besides」和「except」相關的英文，並譯成中文。

1. We go swimming besides Tom.
2. We go swimming except Tom.

（十五）請唸出下列常見的介詞片語（介片）的英文，並譯成中文。

1. above all	2. after all
3. after school	4. after class
5. after work	6. according to (the news)
7. for example	8. in a hurry
9. in all	10. in a loud voice
11. in a short time	12. in my free time
13. in your free time	14. in time
15. in fact	16. in other words

17. in person	18. in public
19. in need	20. in the future
21. in the past	22. on foot
23. on fire	24. on sale
25. on vacation	26. on my way home
27. on my way to school	28. on TV
29. on the TV	30. all over the world
31. as for (playing basketball)	32. at first
33. at last	34. at least
35. at present	36. at the same time

第6單元 連接詞（七、八、九年級）

◇ 連接詞分為對等連接詞和從屬連接詞：對等連接詞連接的兩邊「身份」和「功能」皆相等；從屬連接詞連接的兩邊「身份」相同，都是子句，但「功能」不同，一主一從。

一、連接詞的意義和種類

◇ 字和字、字群和字群、介詞片語和介詞片語、或是子句和子句要連接在一起，就必須有連接詞，各國語言皆相同。習題解答（一）

◇ 以英文而言，連接詞分為對等連接詞和從屬連接詞。習題解答（二）

（一）對等連接詞

◇ 對等連接詞所連接的兩邊身份、功能都相同。對等連接詞又分為「單人組」對等連接詞和「雙人組」對等連接詞。

- Tom and Mary are classmate. 湯姆和瑪莉是同學。 習題解答（三）1

   說明 「Tom」和「Mary」的身份都是人稱代名詞，功能也都是擔任主詞，「and」是「單人組」對等連接詞，連接身份功能都相同的兩個人稱代名詞。

（二）從屬連接詞

◇ 從屬連接詞所連接的兩邊身份相同（都是子句），但功能不同（一邊是主要子句、一邊是從屬子句）。從屬連接詞所帶的子句（也就是右邊所連接的子句）叫做「從屬子句」。從屬子句又分為「名詞功能」

的從屬子句和「副詞功能」的從屬子句。

- Mary was writing a letter when Tom came. <u>習題解答（三）2</u>

  瑪莉　正　寫　一　信　　當　湯姆　來
  ────── 主要子句 ──────　　　　-從屬子句-
  　　　　　　　　　　　　　　從屬連接詞

＝當湯姆來時，瑪莉正在寫信。

（說明）本例句中，「when」是從屬連接詞，右邊所帶的子句「Tom came」叫
做從屬子句。「when」帶的從屬子句是為了襯托主要子句「瑪莉正在
寫信」的動作情境而加上的子句，是用來形容主要子句的動詞「寫」，
具有副詞功能，所以也稱為「副詞子句」。換句話說，從屬連接詞
「when」連接的兩邊，身份相同（都是子句），但地位不同（一是主要
子句、一是從屬子句）。

二、專談「對等連接詞」

◈ 對等連接詞分為單人組和雙人組。

（一）單人組對等連接詞　習題解答（四）1

◈ 單人組對等連接詞，最重要的有三個：「and」、「but」、「or」。

1. 「and」（和；而且）

- Tom and Mary are classmates. 湯姆和瑪莉是同學。

  說明　「and」連接的「Tom」和「Mary」，身份都是人稱代名詞，功能也都是擔任句中的主詞。

- Tom is tall and thin. 湯姆是高的而且瘦的。＝湯姆高又瘦。

  說明　「and」連接的「tall（高的）」和「thin（瘦的）」，身份都是形容詞，功能也都是在be動詞「is」後面當補語。

- Tom stood up and went out. 湯姆站起來，而且走了出去。

  說明　「and」連接的「stood up（站起來）」和「went out（走出去）」，身份都是動詞，功能也都是擔任主要動詞。

2. 「but」（但）

- Tom is poor but honest. 湯姆雖窮但誠實。

  說明　「but」連接的「poor（窮的）」和「honest（誠實的）」，身份都是形容詞，功能也都是在be動詞「is」後面當補語。

3. 「or」（連接字和字時常譯成「或」，連接句和句時常譯成「否則」）

- Which do you like, tea or coffee? 你喜歡茶或咖啡？

  說明　「or（或）」也是對等連接詞，連接的「tea」和「coffee」，身份都是一般名詞，功能也都是當動詞「like（喜歡）」的受詞。

◆ 「as well as（和、以及）」也算是單人組對等連接詞。要特別注意的是，「as well as」若連接二個主詞時，動詞要依左邊的主詞而定。

- Tom and the boys is from Taipei. 湯姆和這些男孩來自台北。

（二）雙人組對等連接詞　習題解答（四）2.3

◆ 雙人組的對等連接詞，最重要的有四組：「both A and B」、「not only A but also B」、「either A or B」、「neither A nor B」，請務必先熟記其意思，才能運用。

1. 「both A and B」（A和B二者都；又A又B）

- Both <u>Tom</u> and <u>Mary</u> are right. 湯姆和瑪莉二個人都對。

  說明 雙人組對等連接詞「both... and...」連接的「Tom」和「Mary」，身份都是人稱代名詞，功能也都是在句中擔任主詞。（本句的主詞「Tom and Mary」是三複）

- Tom is both <u>tall</u> and <u>thin</u>. 湯姆又高又瘦。

  說明 本例句中，「both... and...」連接的「tall（高的）」和「thin（瘦的）」，身份都是形容詞，功能也都是在be動詞「is」後面當補語（形當補）。和「Tom is tall and thin.」不同的是，本例句多了一個連接詞「both」，「both」是強調「兩者都」。

2. 「not only A but also B」（不但A而且B；A和B每一個都）

　※「also」可省略。

- Not only <u>you</u> but also <u>Mary</u> is dishonest.
  不但你，而且瑪莉也是不誠實的。

  說明 本例句中，「not only（不但）... but also（而且）...」連接的「you」和「Mary」，身份都是人稱代名詞，功能都是在句中擔任主詞。要注意，「not only... but also...」若連接的是主詞時，動詞是依最接近的主詞而定，也就是依「but also」右邊的「Mary」而定，「Mary」是三單，所以

動詞用三單用的「is」。雖然「not only... but also...」是強調「你和瑪莉每一個都」不誠實，但口氣上還是感覺的出來，較強調瑪莉，所以動詞是依「Mary」而定。

- I can practice English not only <u>with Tom</u> but also <u>with Mary</u>.
  我 能 練習 英語 不但 與 湯姆 而且 與 瑪莉
  ＝我不但可以和湯姆，也可以和瑪莉練習英語。

  (說明) 讀到本例句，同學們應該已可體會雙人組對等連接詞的用法，只要身份、功能相同，都可以用雙人組對等連接詞連接。本句中，連接的是「with Tom」和「with Mary」，身份都是介片，功能都是「介片當副」，形容動詞「practice（練習）」。

3. 「either A or B」（或A或B；不是A就是B，AB必有其一）

- Either <u>you</u> or <u>Tom</u> is dishonest. 或你或湯姆，必有一個是不誠實的。

  (說明) 「either（或）... or（或）...」連接的「you（你）」和「Tom（湯姆）」都是代名詞，身份相同，功能也相同，都在句中擔任主詞。注意，「either... or...」若連接的是主詞時，動詞是依最靠近的主詞而定，也就是依「or」右邊的「Tom」而定，「Tom」是三單，所以動詞用三單用的「is」。

- Tom is either <u>sad</u> or <u>angry</u>. 湯姆不是傷心，就是很生氣。

  (說明) 「either（或）... or（或）...」連接的「sad（傷心的）」和「angry（生氣的）」，身份相同都是形容詞，功能也相同，都是在be動詞「is」後面當補語（形當補）。

4. 「neither A nor B」（非A也非B；不是A也不是B；A不B也不；A和B都不、都非、都沒）

- Neither <u>you</u> nor <u>Tom</u> is wrong. 不是你也不是湯姆，你們兩個都沒有錯。

  (說明) 「Neither（也不）... nor（也不）...」連接的「you」和「Tom」身份相同，都是代名詞，功能相同，都是在句中擔任主詞。注意，「neither... or...」若連接的是主詞時，動詞也是依最靠近的主詞而定，也就是依

「nor」右邊的「Tom」而定,「Tom」是三單,所以動詞用三單用的「is」。

三、專談「從屬連接詞」

(一)從屬連接詞的種類和功能　習題解答(五)1.2

◆ 從屬連接詞都是單人組,沒有雙人組。從屬連接詞連接的都是子句和子句,沒有字和字、片語和片語。而從屬連接詞連接的二個子句,一邊是「主要子句」,一邊是從屬連接詞直接連的「從屬子句」。

◆ 從屬連接詞直接連的從屬子句,有些可以擔任主詞、受詞或補語,具有名詞功能,我們特別稱它為「名詞子句」。有些從屬子句是用來形容主要子句的動詞,是擔任副詞功能,我們特別稱它為「副詞子句」。所以看從屬子句時要注意它是擔任什麼功能。

(二)常見的從屬連接詞　習題解答(五)3.4

◆ 常見的從屬連接詞如下:

1. when 當	2. while 當……的時候
3. because 因為	4. before 在……之前
5. after 在……之後	6. although、though 雖然
7. until、till 直到	8. if 假如、是否
9. whether 是否	10. that 當連接詞時沒有意思

※「that」當連接詞時,有些情況下也有意思,詳細解說請見第四篇第4單元。

◆ 上列從屬連接詞中，「that」、「whether（是否）」、「if（譯成「是否」時）」右邊所接的從屬子句是擔任名詞子句，具備名詞功能，在大句子中可擔任主詞、受詞或補語。已於第一篇第4單元詳細談過。

（三）專談從屬連接詞帶的「副詞子句」　　習題解答（五）5

◆ 先談會用到「副詞子句」的原由：（從一個簡單的句子談起）

• I joined a summer camp.　我參加了一個夏令營。

（說明）本句是一般的獨立句子，動詞「joined（參加）」是過去簡單式。

⇒ I joined a summer camp last Saturday.　我上週六參加了一個夏令營。

（說明）原句可以加上時間副詞，譬如「last Saturday（上週六）」來襯托動詞「joined（參加）」的過去時空或情境。

⇒ I joined a summer camp at that time.　我在那時參加了一個夏令營。

（說明）原句也可加上時間介片，譬如「at that time（在那時）」來襯托動詞「joined（參加）」的過去時空和情境。

⇒ I joined a summer camp when I was ten.

當我10歲時，我參加了一個夏令營。

（說明）如果要表達的更清楚，就可以用從屬連接詞帶一個句子型（有主詞、動詞）的副詞子句，譬如「when I was ten（當我10歲時）」來襯托動詞「joined（參加）」的過去時空或情境。

◆ 不論是時間副詞或時間介片當副詞或副詞子句，都是依表達的需要而加上的，所以，英文是要活讀的。

四、主要子句和從屬子句的動詞搭配方式

◇ 從「I joined a summer camp when I was ten.」可以看出，「I joined a summer camp」是原本就有的句子，是主要子句，「when I was ten」是加上去的從屬子句，也叫做副詞子句。這個大句子中，有二個子句，就有兩個動詞，「joined（參加）」和「was（是）」，此時，我們就必須考量兩個動詞要如何搭配。

◇ 搭配法分為動詞「時空」的搭配，和「動作方式」的搭配，其中「時空」的搭配有一定的規則，「動作方式」的搭配則較沒有硬性規則。

習題解答（六）

（一）動詞「時空」的搭配　　習題解答（七）

◇ 動詞「時空」的搭配，依英文文法的習慣，搭配規則如下：

主要子句	（連接詞）	從屬子句（或副詞子句）
現在時空	⟶	現在時空
過去時空	⟶	過去時空
未來時空	⟶	仍只用現在時空（不用未來時空）

※按英文文法，副詞子句的現在式視同未來式，所以副詞子句用現在時空代替未來時空。

* I always <u>cook</u> for my sisters <u>when</u> Mom <u>isn't</u> home.

我　總是　煮飯　給 我的妹妹們　當　　媽　　不在家

　　　　　↓　　　　　　　　　↓　　　　↓
　　　　動詞　　　　　　　從屬　　　動詞
　　現在時空　　　　　連接詞　　現在時空

────── 主要子句 ──────　── 副詞子句 ──

＝當媽媽不在家時，我總是煮飯給我的妹妹吃。

- I joined a summer camp when I was ten.

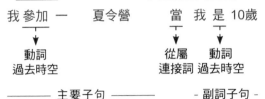

　 我　參加　一　　　夏令營　　　當　我　是　10歲

　　　　　↓　　　　　　　　　　　↓　　　↓
　　　　動詞　　　　　　　　　　從屬　動詞
　　　過去時空　　　　　　　　連接詞　過去時空

　　───── 主要子句 ─────　　　- 副詞子句 -

　＝當我10歲時，我參加了一個夏令營。

- I'll go home if it rains.

　 我　將回　　家　假如天空　下雨

　　　　↓　　　　　↓　　　↓
　　　動詞　　　　從屬　動詞
　　　未來　　　連接詞　現在
　　　時空　　　　　　　時空

　─ 主要子句 ─　　-副詞子句-

　＝假如天空下雨，我將回家。

> (說明)　當連接詞是「if（假如）」時，主要子句動詞用未來時空、副詞子句動
> 詞用現在時空，很符合說話的口氣。其他連接詞（譬如「until」）當然
> 也可以使用這種時空搭配，是合乎文法規則的，譬如以下兩個例句。

- I'll stay here until Mom comes back.

　 我　將待　在這兒直到　媽　　回來

　　　↓　　　　　↓　　　　　　↓
　　　動詞　　　從屬　　　　動詞
　　未來時空　連接詞　　　現在時空

　─ 主要子句 ─　　　── 副詞子句 ──

　＝我將待在這兒直到媽媽回來。

- Tom will tell me the news when he meets me tomorrow.

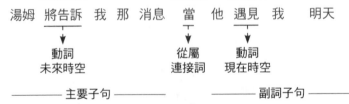

　 湯姆　將告訴　我　那　消息　　當　他　遇見　我　　　明天

　　　　↓　　　　　　　　　　　↓　　　↓
　　　動詞　　　　　　　　　　從屬　動詞
　　未來時空　　　　　　　　連接詞　現在時空

　　───── 主要子句 ─────　　　── 副詞子句 ──

　＝當湯姆明天遇見我時，他會告訴我消息。

（二）「動作方式」的搭配　習題解答（八）（九）

◆ 「動作方式」的搭配，較沒有硬性規則，完全看說話者想怎麼描述主詞（主角）的實際狀況而定。概括而言，較短、較簡單、較習慣性的動作方式大多用「簡單式」；正在進行、需要一陣子功夫的、或有些「即將」味道的動作方式，大多用「進行式」；若動作之前就開始，一直到該時間點，表示曾做過的、已完成的、一直在做的，動作方式就用「完成式」。

- I cleaned the bathroom after I took a bath.

|過去時空
簡單式| |從屬
連接詞|過去時空
簡單式|

在我洗澡之後，我清掃了浴室。

- I was reading a book when Tom called.

|過去時空
進行式| |從屬
連接詞|過去時空
簡單式|

當湯姆來電時，我正在閱讀一本書。

- Mary was playing basketball while I was watching TV.

|過去時空
進行式| |從屬
連接詞|過去時空
進行式|

當我在看電視的時候，瑪莉正在打籃球。

◆ 英文有個習慣，副詞子句可以放到句首（要加逗號「,」），英文文法稱為「加強語氣」。

- I'll go home if it rains.　習題解答（十）

　= If it rains, I'll go home.　假如天空下雨，我將回家。

　(說明) 從屬連接詞（本句是「if」）所帶的子句（副詞子句）若移到句首，就變成副詞子句在左、主要子句在右。

現學現考・常讀常考

◈ 考前要先複習並在每頁左上角或右上角簽上日期記錄。

◈ 請以口測優先，多做口測，再筆測。測驗日期、測驗結果考官都要記錄。

◈ 不論口測、筆測、自測、師測或家長測，一定要測到熟透方可。

◈ 答案區在教材中，以習題解答（一）、習題解答（二）……等標示。

（一）連接詞是做什麼用的？

（二）以英文而言，連接詞分為哪二種？

（三）請唸出下列英文後譯成中文，並說明句中什麼是連接詞？是哪一種連接詞？該種連接詞的特性是什麼？

1. Tom and Mary are classmates.

2. Mary was writing a letter when Tom came.

（四）對等連接詞：

1. 單人組對等連接詞最重要的有三個，請唸出下列英文後譯成中文，並說明下列例句中的單人組對等連接詞是哪一個？所連接的是什麼和什麼？為什麼身份和功能都相同？

(1) Tom and Mary are classmates.	(2) Tom is tall and thin.
(3) Tom stood up and went out.	(4) Tom is poor but honest.
(5) Which do you like, tea of coffee?	

2. 雙人組對等連接詞，最重要的有下列四組，請唸出英文並講出中文（中文意思要講的很熟）。

(1) both A and B	(2) not only A but also B
(3) either A or B	(4) neither A nor B

3. 請唸出下列例句的英文、譯成中文，並說明句中什麼是雙人組對等連接詞？連接的是什麼和什麼？為什麼身份和地位都相同？

(1) Both Tom and Marry are right.

(2) Tom is both tall and thin.

(3) Not only you but also Mary is dishonest.

(4) I can practice English not only with Tom but also with Mary.

(5) Either you or Tom is dishonest.

(6) Tom is either sad or angry.

(7) Neither you nor Tom is wrong.

（五）從屬連接詞：

1. 從屬連接詞都是單人組，從屬連接詞連接的是什麼？

2. 從屬連接詞連的子句因功能不同，分為哪二種子句？

3. 常見的從屬連接詞有哪些？

4. 有哪些從屬連接詞所接的從屬子句是擔任「名詞子句」功能？

5. 請唸出「I joined a summer camp when I was ten.」後譯成中文，並說明什麼是副詞子句？以及大句子中為什麼會用到這個副詞子句？

（六）從「I joined a summer camp when I was ten.」可以看出，這個大句子有二個子句，有二個動詞「joined」和「was」，所以要注意這二個動詞的搭配，請問搭配法分為哪二種？

（七）動詞「時空」的搭配有什麼規則？請唸出下列例句的英文、譯成中文，並說明兩個子句的動詞的「時空」搭配狀況。

1. I always cook for my sister when Mom isn't home.

2. I joined a summer camp when I was ten.

3. I'll go home if it rains.

4. I'll stay here until Mom comes back.

5. Tom will tell me the news when he meets me tomorrow.

（八）「動作方式」的搭配，較沒有硬性規則，完全看說話者想怎麼描述主詞（主角）的動作狀況而定。什麼樣的狀況，動作方式大多用「簡單式」？什麼樣的狀況，動作方式大多用「進行式」？什麼樣的狀況，動作方式大多用「完成式」？

（九）請說出下列例句的英文後譯成中文，並說明二個動作之間的「時空」和「動作方式」的搭配。

1. I cleaned the bathroom after I took a bath.

2. I was reading a book when Tom called.

3. Mary was playing basketball while I was watching TV.

（十）英文有個習慣，副詞子句可以放到句首加強語氣。請唸出「I'll go home if it rains.」後譯成中文，並說出如何把副詞子句移到句首。

Chapter ④

第四篇

句子

第1單元　活用句子的組成元素：名詞、動詞、形容詞、副詞、介詞、連接詞（七、八、九年級）

◈ 以下各大詞類的用法只做要點複習，詳細解說請見各篇各單元。

一、名詞

◈ 名詞就是我們談話談的「人」、「物」或「事」，名詞一被用到一句話中它就可以當主詞、受詞或補語。名詞若是「人」或「物」，它可能只是一個字或字群，名詞若是「事」，就可能是一個片語或一個子句，我們給它們一個統稱，叫做「名詞系列」。名詞系列包括普通名詞、代名詞、動名詞片語、不定詞片語、疑問詞片語、「that子句」（that＋敘述句）、「whether子句」（whether＋敘述句）、「if子句」（if＋敘述句）、疑問詞子句。當我們講英文或寫英文時，若要講到「人」、「物」或「事」，就要用到名詞，不論這名詞是當主詞、受詞或補語，都要立即想到以上的名詞系列。習題解答（一）

二、動詞

（一）be動詞　習題解答（二）

◈ be動詞後面最常接三種補語，另外還有一種特別情形，了解後請多使用於說話或寫句子，活用英文。

1. 名詞或名詞區當補語（簡稱「名當補」）

- I am a student.　我是一位學生。

　　（說明）「a student」是名詞區，在此當補語。名詞系列都可以在be動詞後面當補語。

2. 形容詞當補語（簡稱「形當補」）

- I am happy.　我是快樂的。＝我很快樂。

　　（說明）「happy」是形容詞，在此當補語。

3. 介詞片語當補語（簡稱「介片當補」）

- I am in the classroom.　我在教室裡。

　　（說明）「in the classroom」是介詞片語，在此當補語。

4. 地點（或地方）副詞也可以當補語（特別情形）

- I am here.　（我在這裡）

　　（說明）「here（在這裡）」是地點副詞，也可以在be動詞後面當補語。類似的地點（或地方）副詞有：「there（在那裡）」、「home（在家）」、「upstairs（在樓上）」。譬如「I am home.（我在家）」、「I am upstairs.（我在樓上）」。地點（或地方）副詞在be動詞後面當補語是特別情形，我們不給簡稱。

（二）一般動詞　習題解答（三）

◆ 一般動詞分為及物動詞（v.t.）和不及物動詞（v.i.）。「v.t.」和「v.i.」在大本字典上都有標註。

◆ 若用及物動詞，後面就要接續受詞。而受詞只有名詞系列可以擔任。

- I play basketball. 我打籃球。

    （說明）「play」就是及物動詞，「basketball」是受詞。

◆ 若用不及物動詞，後面就不需要接續受詞，也不能接續受詞。譬如「I run.（我跑）」的「run（跑）」就是不及物動詞，沒有接續受詞。若用不及物動詞又想要有受詞，就要先加介詞，才能接續受詞。因為英文文法規定，只有及物動詞和介詞可以接續受詞。不及物動詞加上介詞，就可以接續受詞。

- I run. 我跑。

    ⇒ I run into your house. 我跑進你家。

    （說明）「into（進入）」是介詞，「your house（你的家）」是受詞。

（三）六種特別的動詞、授與動詞和感受型動詞

◆ 英文文法規定，當一個動詞後面要接另一個動詞時，後面的動詞前要先加上不定詞「to」，且後面的動詞要使用原形動詞，文法上以「to V」表示。

◆ 下列六種動詞很特殊：習題解答（四）

1. 連綴動詞要先接形容詞當補語。

2. 使役動詞後面接「to V」時，不定詞「to」要省略，後面動詞仍用原形。

3. 感官動詞後面接「to V」時，不定詞「to」要省略，另外，感官動詞後面接「Ving（現在分詞）」也可以。

4. 個性動詞❶後面接「to V」及「Ving」皆可。

5. 個性動詞❷後面接「to V」及「Ving」皆可，但兩者意思差很多。

6. 個性動詞❸後面只能接「Ving」（現在分詞或動名詞）。

◈ 如果想要表示「給某人什麼東西」這類句型，就用「授與動詞」。
習題解答（五）

◈ 如果想要表示「感到……的」或「令人感到……的」，就用感受型動詞的過去分詞和現在分詞。習題解答（六）

（四）時態的使用　習題解答（七）

◈ 若想要表示「簡單、平常性或習慣性的動作」，就用簡單式，包括現在簡單式、過去簡單式、未來簡單式。其中，不變的真理、格言或事實要用現在簡單式。

◈ 若想要表示「正在」或「正……著」，就用進行式「be系列＋Ving（現在分詞）」，包括現在進行式、過去進行式、未來進行式。

◈ 若想要表示「曾經、已經、一直」，就用完成式「have系列＋p.p.（過去分詞）」，包括現在進行式、過去進行式、未來進行式。

◈ 若想要表示「被」就用被動式「be系列＋p.p.（過去分詞）」，被動式也包括現在、過去、未來三種時空。

三、形容詞　習題解答（八）

◆ 形容詞大都有「……的」意思，形容詞除了在be動詞、連綴動詞和少數動詞（譬如「make」、「find」等）的後面當補語之外，大多是用在形容「名詞」。形容詞形容名詞時，一般的形容詞是放在名詞前面；另外有一種形容詞，是放在名詞後面，由後往前形容名詞，作者稱之為「名詞後強調區」。名詞後強調區也是形容詞的一種，其所用的字詞較多，包括片語、子句，可以把名詞描述的更清楚，是很實用的文法，一定要善用。

◆ 名詞後強調區共有下列七種：介詞片語強調區、不定詞片語強調區、現在分詞強調區、過去分詞強調區、副詞強調區、形容詞強調區、子句強調區。

◆ 如果想表達「比較……的」或「最……的」就用形容詞比較級和最高級。

四、副詞　習題解答（九）

◆ 文法上，形容動詞、形容詞或其他副詞的叫做副詞，其中以形容動詞為主要功能。

◆ 副詞形容動詞時，襯托動詞時間的副詞叫做時間副詞；襯托動詞地點的副詞叫做地點副詞；襯托動詞動作頻率次數的副詞叫做頻率副詞，各依其代表性而取名，知道的愈多、愈熟，就愈能用出來。

◆ 副詞的樣子可能是字、字群、介詞片語或子句，凡是用來形容動詞，都具有副詞功能，都可看成副詞，可依自己需要選擇使用。

◆ 如果要表達動作「比較……地」或「最……地」就用副詞比較級或最高級。

◆ 副詞也可以在名詞後當強調區。

五、介詞　習題解答（十）

◆ 只要用到介詞，後面就一定要有名詞系列當受詞。介詞和受詞形成的小隊伍，叫做介詞片語（簡稱介片）。（that子句不能當介詞的受詞）

◆ 介詞片語（介片）最常見的三種功能如下：

1. 在be動詞後而當補語（介片當補）。

2. 在名詞後當強調區，具形容詞功能，由後面形容前面的名詞先行詞，文法上稱為「名詞後介片強調區」。

3. 具備副詞功能，文法上稱為「介片當副」。如果要細分，可分為時間介片、地點介片及其他。

六、連接詞　習題解答（十一）

◆ 連接詞是用來連接字和字、字群和字群、片語和片語或子句和子句。

◆ 連接詞分為對等連接詞和從屬連接詞。

◆ 對等連接詞連接的兩邊身份和功能都要相等，譬如：兩邊身份都是名詞，功能都是擔任主詞。對等連接詞又分為單人組對等連接詞和雙人組對等連接詞。

◈ 從屬連接詞連接的兩邊身份相同，都是子句，但兩邊的功能不同，一邊是主要子句、一邊是從屬子句。從屬連接詞右邊直接連接的子句叫做從屬子句，而從屬子句又分為有名詞功能的名詞子句，以及有副詞功能的副詞子句。名詞子句可以當主詞、受詞或補語，副詞子句大多是用來形容主要子句的動詞，要深入了解，才能善用之。

現學現考‧常讀常考

◈ 考前要先複習並在每頁左上角或右上角簽上日期記錄。

◈ 請以口測優先，多做口測，再筆測。測驗日期、測驗結果考官都要記錄。

◈ 不論口測、筆測、自測、師測或家長測，一定要測到熟透方可。

◈ 答案區在教材中，以 習題解答（一） 、 習題解答（二） ……等標示。

（一）當我們談話時，若要談到「人」、「物」或「事」，就要用到名詞，不論這名詞是當主詞、受詞或補語，都要立即想到哪些名詞系列？

（二）be動詞後面常接哪種補語？請唸出下列例句後譯成中文，並說明什麼是補語。

1. I am a student.	2. I am happy.	3. I am in the classroom.

（三）一般動詞分為及物動詞（v.t.）及不及物動詞（v.i.）。請以下列二個例句說明哪個字是及物動詞、哪個字是不及物動詞、哪個字是介詞、哪二個字是受詞？並請說明為什麼「run」後面要加「into」。

1. I play basketball.（我打籃球。）	2. I run.（我跑。）

3. I run into your house.（我跑進你家。）

（四）請說說下列六種動詞的特性。

1. 連綴動詞	2. 使役動詞	3. 感官動詞
4. 個性動詞❶	5. 個性動詞❷	6. 個性動詞❸

（五）如果想要表示「給某人什麼東西」這類句型，要用什麼樣的動詞？

（六）如果想表示「感到……的」或「令人感到……的」要用什麼動詞的過去分詞和現在分詞？

（七）時態的使用：

1. 若想要表示「正在」或「正……著」要用什麼動作方式？

2. 若想要表示「曾經、已經、一直」要用什麼動作方式？

3. 若想要表示「被」要用什麼動作方式？

（八）形容詞：

1. 形容詞大多是用在形容「名詞」，以及在哪些動詞後面當補語？

2. 一般形容詞是放在名詞前面；另外有一種放在名詞後面形容名詞的，作者稱它叫做什麼？這些放在名詞後面形容名詞的共有七種，請說說看。

3. 如果想表達「比較……的」或「最……的」要用形容詞的什麼？

（九）副詞：

1. 文法上，形容哪三種詞類的叫做副詞？其中以形容什麼詞類最多？

2. 凡是形容動詞的都算是副詞，包括字詞、片語、子句，請儘量說說看有哪些？（譬如時間副詞）

3. 如果想表達動作「比較……地」或「最……地」要用副詞的什麼？

（十）介詞：

1. 只要用到介詞，後面就一定要有什麼當受詞？

2. 介詞片語最常見的功能是什麼？

（十一）連接詞：

1. 連接詞是做什麼用的？

2. 連接詞分為哪二種？

3. 對等連接詞連接時的特性是什麼？對等連接詞又分為哪二種？

4. 從屬連接詞連接時的特性是什麼？從屬連接詞連接的句子叫做從屬子句，從屬子句又分為哪二種？

第2單元 命令句、祈使句（七年級）

◇ 命令句、祈使句就是「叫人家」或「拜託人家」做什麼的句子，日常生活也常用到。習題解答（一）

一、命令句、祈使句的特點 習題解答（二）

（一）主詞省略（一般省略的是「你」或「你們」）

• You run. 你跑。

　⇒ Run! 跑！

（說明）命令句、祈使句要省略主詞，本句是省略「你」。

※這一點和中文相近，很容易易懂。

（二）動詞要用原形動詞

◇ 一般動詞的原形動詞，就是動詞原來的樣子，譬如：「runs」的原形動詞是「run」。

◇ be動詞「am」、「are」、「is」的原形動詞就是「be」這個字。（口訣是：「am」、「are」、「is」原形「be」）

二、命令句、祈使句的呈現方式 習題解答（三）

（一）「一般動詞」的命令句、祈使句的呈現方式（以「run」為例）

- Run! 跑！

◆ 上例句可以加上助動詞「don't（不；別）」變否定句。

　　⇒ Don't run! 別跑！

◆ 也可以再加上「please（請）」，「please」加在前面或後面都可以。若把「please」加在後面，要以逗號「,」隔開。

　　⇒ Please run.

　　= Run, please. 請跑。（「please」在後面時要以「,」隔開）

　　⇒ Please don't run.

　　= Don't run, please. 請不要跑。（「please」在後面時要以「,」隔開）

◆ 也可以加上「稱呼」（以「Tom」為例），稱呼加在前面或後面都可以。不論把稱呼加在前或加在後，都要加在最外圍，而且都要以逗號「,」隔開。

　　⇒ Tom, run.

　　= Run, Tom. 湯姆，跑。（有稱呼都要加在最外圍並以「,」隔開）

　　⇒ Tom, don't run.

　　= Don't run, Tom. 湯姆，別跑。（有稱呼都要加在最外圍並以「,」隔開）

◆ 若句中有稱呼（以「Tom」為例），又有「please（請）」，則安排方法是：二個都在前，或一前一後，共有三種講法。

　1. 稱呼「Tom」和「please（請）」都放在前面。（以下只舉肯定句為例）

- Tom, please run. 湯姆，請跑。

2. 稱呼「Tom」和「please（請）」一放前、一放後。

- Tom, run, please. 湯姆，請跑。（「Tom」在前，「please」在後）

- Please run, Tom. 湯姆，請跑。（「Please」在前，「Tom」在後）

  ※若稱呼「Tom」和「please（請）」都放後面，便會產生兩個逗號「,」變成「Run, please, Tom.」，有兩個逗號不好，所以不使用。

（二）「be動詞」的命令句、祈使句的呈現方式　習題解答（四）

◆ be動詞的命令句、祈使句常譯成「要……喔」、「要做一個……的人喔」。

- You are good. 你很好。

  ⇒ Be good. 要乖喔。（命令句、祈使句）

  (說明) 省略主詞「You」，動詞「are」變原形「be」。

- You are a good boy. 你是一個好的男孩。

  ⇒ Be a good boy. 要做個好男孩喔。（命令句、祈使句）

  (說明) 主詞「You」省略，動詞「are」變原形「be」。

◆ 也可以加上助動詞「don't（不；別）」變否定句（和一般動詞相同）。

- Don't be good. 不要乖喔。

- Don't be a good boy. 不要做個好男孩喔。

◆ 也可以加上稱呼（譬如「Tom」）或「please（請）」（方式也和一般動詞相同，共有三種講法）。（以下只舉肯定句為例）

- Tom, please be good.

  湯姆，請要乖喔。（「Tom」和「please」都在前）

= Tom, be good, please.

湯姆，請要乖喔。（「Tom」在前，「please」在後）

= Please be good, Tom.

湯姆，請要乖喔。（「please」在前，「Tom」在後）

◈ 請注意，一般動詞的命令句、祈使句很容易辨別（譬如：「Please sit down.（請坐下）」或「Sit down, please.（請坐下）」）。但是，be 動詞的命令句、祈使句卻不容易看出來。所以要知道它的原始句是什麼，才知道如何寫出be動詞的命令句、祈使句。

- Be good. 要乖喔。　習題解答（五）1

  （說明）是從原始句「You are good.（你是好的。）」去「You are」改「be」變化而來的。

- Be a good boy. 要做個好男孩喔。　習題解答（五）2

  （說明）是從原始句「You are a good.（你是一個好男孩。）」變化而來的。

- Be quiet. 要安靜喔。　習題解答（五）3

  （說明）是從原始句「You are quiet.（你是安靜的。＝你很安靜。）」去「You are」改「be」變化而來的。

- Be nice to your family. 要善待你的家人。　習題解答（五）4

  （說明）是從原始句「You are nice to your family.（你是和善的對你的家人。）」去「You are」改「be」變化而來的。

（三）命令句、祈使句的另一種口氣（另一種講法）

◈ 命令句、祈使句的另一種口氣常譯成「我們……吧」、「我們不要……吧」、「讓他……吧」或「讓他（叫他）不要……吧」，都是用動詞「let（讓）」帶頭。習題解答（六）

◆「let（讓）」在文法上稱為使役動詞，當「let」後面接另一個動作（動詞）時，原本要先加的不定詞「to」要省略，該動詞一樣要用原形。也就是「Let...（省略「to」）＋V」。習題解答（七）

◆「讓我們」的英文是「let us」，可以縮寫成「let's」。英文常說的「我們……吧」就是用「let's...（讓我們……）」來表示的。習題解答（八）

- Let's（省略「to」）go.

  = Let's go.（讓我們走。）＝我們走吧。

- Let him（省略「to」）go.

  = Let him go. 讓他走吧。（「let him」沒有縮寫）

◆由「let（讓）」帶頭的命令句、祈使句，要特別注意它們「否定」的講法。習題解答（九）

- 讓我們不要走（＝我們不要走吧。）

  （說明）不能用一般否定的講法：Don't let's go.（×）

  　　　只能用特別講法：Let's not go.（○）

- 讓他別走。（＝叫他不要走。）

  （說明）能用一般否定的講法：Don't let him go.（×）

  　　　也能用特別講法：Let him not go.（○）

現學現考・常讀常考

◆ 考前要先複習並在每頁左上角或右上角簽上日期記錄。

◆ 請以口測優先，多做口測，再筆測。測驗日期、測驗結果考官都要記錄。

◆ 不論口測、筆測、自測、師測或家長測，一定要測到熟透方可。

◆ 答案區在教材中，以 習題解答（一） 、 習題解答（二） ……等標示。

（一）什麼句子叫做命令句、祈使句？

（二）命令句、祈使句的特點是什麼？

（三）請以一般動詞的命令句、祈使句的呈現方式將下列句子譯成英文。

1. 跑。 ⇒ 別跑。 ⇒ 請跑。 ⇒ 請不要跑。

2. 湯姆，跑。 ⇒ 湯姆，別跑。

3. 湯姆，請跑。

（四）be動詞的命令句、祈使句呈現方式：

1. be動詞的命令句、祈使句常譯成什麼？

2. 請將下列句子譯成英文。

(1) 你很好。 ⇒ 要乖喔。

(2) 你是個好男孩。 ⇒ 要做個好男孩喔。

(3) 不要乖喔。

(4) 不要做一個好男孩喔。

(5) 湯姆，請要乖喔。（共有三種講法）

（五）be動詞命令句、祈使句的原始句：

  1. 請問「Be good.（要乖喔）」是從什麼句子變來的？怎麼變的？

  2. 請問「Be a good boy.（要做個好男孩喔）」是從什麼句子變來的？怎麼變的？

  3. 請問「Be quiet.（要安靜喔）」是從什麼句子變來的？怎麼變的？

  4. 請問「Be nice to your family（要善待你的家人）」是從什麼句子變來的？怎麼變的？

（六）命令句、祈使句的另一種口氣是什麼？是用英文的哪一個動詞帶頭？

（七）文法上稱「let（讓）」為什麼動詞？當「let」後面接另一個動詞時，什麼要省略？

（八）請說出下列句子的英文。

1. 讓我們	2. 我們走吧！
3. 讓他	4. 讓他走吧！

（九）由「let（讓）」帶頭的命令句、祈使句，要特別注意它們「否定」的講法，請說出下列例句的英文。

1. 我們不要走吧。	2. 讓他別走。（＝叫他不要走。）

第3單元 感嘆句（……喔！）（七年級）

◆ 「她好漂亮喔！」、「你好高喔！」等是各種語言都有的講話口氣，英文也有，文法上稱之為「感嘆句」，也是日常生活常會用到的語氣。習題解答（一）

◆ 英文感嘆句的結構是由「What」和「How」帶頭，「What」和「How」都譯成「多麼」。

一、「What」＋名詞區，「What」譯成「多麼」
習題解答（二）

* What a beautiful girl (she is)!

  多麼一位 美麗的 女孩　她 是　＝她是個好美麗的女孩喔！

  （名詞區）

  （說明）這個感嘆句的來源是：

  She is a beautiful girl.

  她　是 一位美麗的女孩。

  「名詞區」當補語（簡稱名當補）

  ※請把名詞區「a beautiful girl」看成一體。

* What beautiful girls (they are)!

  多麼　美麗的 女孩們 她們 是　＝她們是好美麗的女孩喔！

  （名詞區）

  （說明）這個感嘆句的來源是：

  They are beautiful girls.

  她們　是 美麗的女孩們。

  「名詞區」當補語

  ※請把名詞區「beautiful girls」看成一體。

二、「How」＋形容詞，「How」譯成「多麼」

習題解答（三）1

• How beautiful (they are)!

多麼　美麗的　她們　是　＝她們好美麗喔！

　　　↓
　　形容詞

（說明）這個感嘆句的來源是：

They are beautiful.

她們　是　美麗的。

　　　　↓
　　「形容詞」當補語
　　（簡稱形當補）

三、「How」＋副詞，「How」譯成「多麼」

習題解答（三）2

◆ 大部分國中英語版本都未談到「How」＋副詞的感嘆句。

• How fast he runs!

多麼 快地 他　跑　＝他跑的好快喔！

　　↓
　　副詞

（說明）這個感嘆句的來源是：

He runs fast.

他　跑　快地

　　　↓
　　副詞
　　形容動詞runs

現學現考・常讀常考

◆ 考前要先複習並在每頁左上角或右上角簽上日期記錄。

◆ 請以口測優先，多做口測，再筆測。測驗日期、測驗結果考官都要記錄。

◆ 不論口測、筆測、自測、師測或家長測，一定要測到熟透方可。

◆ 答案區在教材中，以習題解答（一）、習題解答（二）……等標示。

（一）請舉例說明感嘆句是什麼樣的口氣？

（二）「What」帶頭的感嘆句後面常接名詞區，請將下列例句譯成英文，並說明這些感嘆句從什麼句子演變來的？

1. 她是個好美麗的女孩喔！	2. 她們是好美麗的女孩喔！

（三）「How」帶頭的感嘆句後面常接形容詞或副詞，請將下列例句譯成英文，並說明這些感嘆句是從什麼句子演變來的？

1. 她們好美麗喔！	2. 他跑的好快喔！

「 so... that...」句型和「too... to...」句型（七、八、九年級）

一、「so... that...」（如此地……以致……）

習題解答（一）1~4

- The box is <u>so</u> heavy <u>that</u> I could not move it.

  這　箱子是 如此地重的 以致我　不能　　移動 它

  副詞　形容詞　連接詞

  ＝這箱子如此重，以致我不能移動它。

- I ran <u>so</u> fast <u>that</u> I was ten minutes early.

  我 跑 如此地快地 以致我 是　10　　分鐘　　早的

  副詞 副詞 連接詞

  ＝我跑的如此快，以致我早到10分鐘。

  說明 由上列例句看出，當主要子句的形容詞（以「heavy」為例）或副詞（以「fast」為例）前面出現副詞「so（如此地）」，本來是沒有意思的連接詞「that」要譯成「以致」。（「heavy」是形容詞、「fast」是副詞，要形容「形容詞」或「副詞」只能用副詞，本句的「so」就是副詞）

- I am <u>such</u> a good student <u>that</u> teachers like me.

  我 是 如此的　一位好的學生　以致　老師們　喜歡　我

  　　　（名詞區）

  形容詞　　　　　連接詞

  ＝我是如此的一位好學生以致老師們都喜歡我。

  說明 名詞區「a good student」前面出現形容詞「such（如此的）」，本來沒意思的連接詞「that」也要譯成「以致」。（「student」是名詞、「a good student」是名詞區，要形容「名詞」或「名詞區」要用形容詞，本句的「such」就是形容詞）

• I study hard <u>so that</u> I may succeed.

　我 研讀 努力地 以便 我可以 　成功

＝我努力讀書以便我可以成功。

(說明) 「so」和「that」要結合在一起看成「so that」一個連接詞，譯成「以便」。

注意純連接詞「that」的用法和含意

◈ 「that」當純連接詞時常是沒意思的，但有時候「that」也是有意思的，要多方了解、勿死板。

- Tom said that he would come.
  湯姆 說（沒意思）他　將　來

- Tom ran fast that he could catch the bus.
  湯姆 跑 快地以求 他　能　趕上　那巴士
  ＝湯姆跑得很快，以求能趕上那巴士。

  （說明）本句中，「that」譯成「以求」較適切。

◈ 本單元所列的「so... that...（如此地……以致……）」是國中英語特別教授的句型，為的是讓學生知道「如此地……以致……」的表達方式。但是「so... that...」句型中的純連接詞「that」卻不一定都譯成「以致」，要多方了解、勿死板。

- The box is so heavy that I could not move it.
  這 箱子是如此地重的 以致我　不能　移動 它

  （說明）本句「so... that...」的「that」譯成「以致」較適切。

- It is so hot that Tom keeps drinking water.
  天氣是如此地熱的 所以 湯姆 一直　喝　水

  （說明）本句「so... that...」的「that」譯成「所以」較適切。

- I am so glad that I got a new bike.
  我 是 如此地高興的 因為我得了一部新的腳踏車

  （說明）本句「so... that...」的「that」譯成「因為」較適切。

二、「too... to...」（太⋯⋯不能⋯⋯）

- The box is <u>too</u> heavy <u>to</u> move it.

  那 箱子是 太　重的 不能移動 它

  　　　　　↓　　　　↓

  　　　　副詞　　　不定詞

  ＝那箱子太重，移不動它。

- Tom gets up <u>too</u> late <u>to</u> catch the bus.

  湯姆　起床　太 晚地不能　趕上那巴士

  　　　　　↓　　　　↓

  　　　　副詞　　不定詞

  ＝湯姆起床太晚不能趕上那巴士。

> **說明** 從上面二個例句看出，當形容詞（以「heavy」為例）或副詞（以「late」為例）的前面出現副詞「too（太）」的時候，後面的不定詞「to」要譯成「不能」，可表達出「太⋯⋯不能⋯⋯」的意思。

表達「夠……去幹什麼」或「不夠……去幹什麼」的句型

- I am old enough to drive a car.

  我 是 老的 足夠地 去 駕 一汽車

  ＝我年紀夠大,可去開車。

- I am not old enough to drive a car.

  我 不是老的 足夠地 去 駕 一汽車

  ＝我年紀不夠大,不能開車。

  說明 由上列例句看出,要表現「夠……去幹什麼」或「不夠……去幹什麼」的句型,可用「enough」這個字。「enough」若是當形容詞、用來形容名詞,是放在名詞前面,譯成「足夠的」,譬如「enough money(足夠的錢)」。但是以上例句中,「enough」是副詞,要放在所形容的形容詞(以「old」為例)或副詞的後面,譯成「足夠地」。作者建議同學,研讀句子時,唸英文也唸中文字面翻譯,之後再看正式翻譯,幫助理解句子結構又可以幫助記憶句子。

現學現考・常讀常考

◇ 考前要先複習並在每頁左上角或右上角簽上日期記錄。

◇ 請以口測優先，多做口測，再筆測。測驗日期、測驗結果考官都要記錄。

◇ 不論口測、筆測、自測、師測或家長測，一定要測到熟透方可。

◇ 答案區在教材中，以習題解答（一）、習題解答（二）……等標示。

（一）請唸出下列英文句子，並譯成中文。

1. The box is so heavy that I could not move it.

2. I ran so fast that I was ten minutes early.

3. I am such a good student that teachers like me.

4. I study hard so that I may succeed.

5. The box is too heavy to move it.

6. Tom gets up too late to catch the bus.

7. I am old enough to drive a car.

8. I am not old enough to drive a car.

第5單元 附加問句「是嗎？」、「不是嗎？」、「對吧？」（九年級）

◆ 英文常見的問句口氣和句型：

- Are you a teacher? 你是一位老師嗎？（一般疑問句）

- Aren't you a teacher? 你不是一位老師嗎？（否定疑問句）

- You are a teacher, aren't you? 你是一位老師，不是嗎？（附加問句）

一、附加問句的意義和用法

- You are a teacher, aren't you?

  你是一位老師，不是嗎？（附加問句） 習題解答（一）

◆ 句子講完前才反問的句子叫做「附加問句」。

◆ 附加問句的口氣大約都是「是嗎？」、「不是嗎？」、「對吧？」，
  其中以「對吧？」最中性、最常用。習題解答（二）

◆ 有附加問句的句子要注意以下幾點：

1. 前句和附加問句口氣相反。前句若是肯定，則附加問句使用否定；
   前句若是否定，則附加問句使用肯定。

2. 前句和附加問句的動詞系統要相同。前句使用be動詞，附加問句也
   使用be動詞；前句使用一般動詞，附加問句也使用常用來代替一般
   動詞的助動詞do系列；前句使用助動詞（「can」等），附加問句
   也是使用助動詞。

3. 前句的主詞和附加問句的代名詞是同一人、同一物或同一事。前

句的主詞可能使用一般名詞、代名詞、動名詞片語或其他名詞系列當主詞，附加問句的主詞一律使用地位相當的代名詞，譬如「you」、「we」、「he」、「she」、「it」、「they」等。

4. 附加問句也是問句，回答時就把它當做一般疑問句來回答，譬如：「Tom is tall, isn't he?（湯姆是高的，對吧？）」就當作「Is Tom tall?（湯姆高嗎？）」來回答。

二、be動詞的句子的附加問句和回答句

◆ 舉例說明be動詞句子、它的附加問句，以及回答句。（以下回答句只列出簡答）

• Tom is tall, isn't he? 湯姆是高的，對吧？

   答：Yes, he is.

   　　No, he isn't.

   (說明) 前句是肯定「is」，附加問句改成否定「isn't」；前句主詞是「Tom」，附加問句以「he」代之，兩者是同一人。回答句是當作「Is Tom tall?」來回答。

• The girl is not your sister, is she? 那女孩不是你的妹妹，對吧？

   答：Yes, she is.

   　　No, she isn't.

   (說明) 前句是否定「is not」，附加問句改成肯定「is」；前句主詞是「the girl」，附加問句以「she」代之，兩者是同一人。回答句是當作「Isn't the girl your sister?」來回答。

• Playing basketball is good, isn't it? 打籃球是好的，對吧？

   答：Yes, it is.

   　　No, it isn't.

前句是肯定「is」，附加問句改成否定「isn't」；前句主詞是動名詞片語「playing basketball」，附加問句以「it」代之，兩者是同一事。回答句是當作「Is playing basketball good?」來回答。

- We are going to night market, aren't we? 我們即將去夜市，對吧？

  答：Yes, we are.

  No, we aren't.

前句是肯定「are going to」，附加問句改成否定「aren't」；前句主詞是「we」，附加問句「we」不變，兩者是同一批人。回答句是當作「Are we going to night market?」來回答。

三、一般動詞的句子的附加問句和回答句

◇ 舉例說明一般動詞句子、它的附加問句，以及回答句。（以下回答句只列出簡答）

- The boy likes you, doesn't he? 那男孩喜歡你，對吧？

  答：Yes, he does.

  No, he doesn't.

前句是一般動詞肯定「likes」，附加問句改成否定，並改用助動詞do系列的「doesn't」來代替動詞；前句主詞是「the boy」，附加問句以「he」代之，兩者是同一人。回答句是當作「Does the boy like you?」來回答。

- They didn't go to school, did they? 他們沒上學，對吧？

  答：Yes, they did.

  No, they didn't.

前句是否定「didn't」，附加問句改成肯定「did」；前句主詞是「they」，附加問句「they」不變，兩者是同一批人。回答句是當作「Didn't they go to school?」來回答。

四、助動詞的句子的附加問句和回答句

◆ 舉例說明有助動詞的句子、它的附加問句，以及回答句。（以下回答句只列出簡答）

- Linda will come here, won't she?　琳達將來這裡，對吧？

  答：Yes, she will.

  　　No, she won't.

  (說明) 前句是肯定「will」，附加問句改成否定「won't」；前句主詞是「Linda」，附加問句以「she」代之，兩者是同一人。回答句是當作「Will Linda come here?」來回答。

- You can't go with me, can you?　你不能與我走，對吧？

  答：Yes, you can.

  　　No, you can't.

  (說明) 前句是否定「can't」，附加問句改成肯定「can」；前句主詞是「you」，附加問句「you」不變，兩者是同一人。回答句是當作「Can't you go with me?」來回答。

◆ 完成式要把「have系列＋p.p.（過去分詞）」之中的have系列（have、has、had）當成助動詞看待，所以附加問句要用have系列。

- She has heard the news, hasn't she?　她已經聽到那消息，對吧？

  答：Yes, she has.

  　　No, she hasn't.

  (說明) 前句是肯定完成式「has heard」，附加問句改成否定，並改用「hasn't」；前句主詞是「she」，附加問句「she」不變，兩者是同一人。回答句是當作「Has she heard the news?」來回答。

◆ 「have to（必須）」要看成一般動詞，所以附加問句使用do系列（do、does、did）。

- They have to go home now, don't they? 他們必須現在回家，對吧？

   答：Yes, they do.

   　　No, they don't.

   (說明) 前句是肯定「have to」，附加問句改成否定，並改用「don't」；前句主
   詞是「they」，附加問句「they」不變，兩者是同一批人。回答句是當作
   「Do they have to go home now?」來回答。

五、其他類型附加問句的注意事項

	前句	附加問句
（一）	前句中若有否定意思的「no」、「no one」、「nobody」、「nothing」，及「few（少數）」、「little（少量）」、「seldom（很少）」、「never（從不）」，則一律視同否定	附加問句要用肯定
（二）	前句的主詞是「this（這）」、「that（那）」、「it（它）」、「everything（每件事）」、動名詞片語等	附加問句代名詞要用「it」
（三）	前句的主詞是「everybody、everyone（每人）」、「no one（沒人）」、「nobody（沒一人）」、「somebody、someone（某人）」、「anybody、anyone（任何人）」等	附加問句代名詞要用「they」

（四）	前句是「There are...（有）」 或「There is...（有）」	附加問句用 「aren't there?」 或「isn't there?」 ※這種附加問句不必用 　代名詞。
（五）	前句是命令句、祈使句 或「Let's...（讓我們……）」 或「Let's not...（我們不要……）」	附加問句一律用 「will you?」 附加問句一律用 「shall we?」 附加問句一律用 「all right?」或「OK?」 ※這種附加問句皆特譯 　成「好嗎？」。

現學現考・常讀常考

◆ 考前要先複習並在每頁左上角或右上角簽上日期記錄。

◆ 請以口測優先，多做口測，再筆測。測驗日期、測驗結果考官都要記錄。

◆ 不論口測、筆測、自測、師測或家長測，一定要測到熟透方可。

◆ 答案區在教材中，以習題解答（一）、習題解答（二）……等標示。

（一）請將「You are a teacher, aren't you?」譯成中文，並說明這個句子叫做什麼問句？

（二）附加問句的口氣大約都是什麼？其中以什麼口氣最中性、最常用？

※第5單元其他部分沒有考題，但也要研讀，簽上日期。

第6單元 附和句「我也是」、「我也不」（九年級）

◆ 帶有附和口氣的句子叫做附和句，也是日常生活常用到的。
習題解答（一）

◆ 若附和句的說話口氣是「你……，我也……」或「你不……，我也不……」，則是同一個說話者講了一句話，再自己附和一句，共講了二句。若附和句的說話口氣是「我……，我也……」或「我不……，我也不……」，則可能是二個人對話，其中一人講完，另一人附和，要注意分辨這兩種語氣。習題解答（一）

一、附和句的表達方式

◆ 附和句的表達方式分二種。

（一）肯定附和在句尾加「too」、否定附和在句尾加「either」
習題解答（二）

◆ 七年級學的附和句是在句尾加「too（也）」或「either（也）」來表達附和的意思，其中「too」用在肯定句、「either」用在否定句。（以下的句子都是同一人講的話）

- You are a student. I am a student, too.
  你是一位學生。我也是。

- You are not a teacher. I am not a teacher, either.
  你不是一位老師。我也不是。

- You like Tom. I like Tom, too. (簡答則用I do, too.)

  你喜歡湯姆。我也是。

- You don't like Tom. I don't like Tom, either. (簡答則用I don't, either.)

  你不喜歡湯姆。我也不。

  說明 當動詞是一般動詞，而且句中沒有其他助動詞，附和句若用簡答，動詞用助動詞do系列取代。

（二）肯定附和在句首放「so」、否定附和在句首放「neither」，主詞皆放句尾，是倒裝句的表達方式 習題解答（三）

◆ 九年級學的附和句是用「so（亦復如此、也）」或「neither（也不）」放句首，主詞放在句尾的倒裝句表達方式。（以下的句子都是同一人講的話）

- You are a student. So am I.

  （二句可以合成一句＝You are a student, and so am I.）

  你是一位學生。我也是。

- You are not a student. Neither am I.

  （二句可以合成一句＝You are not a student, and neither am I.）

  你不是一位學生。我也不。

- You like Tom. So do I.

  （二句可以合成一句＝You like Tom, and so do I.）

  你喜歡湯姆。我也是。

- You don't like Tom. Neither do I.

  （二句可以合成一句＝You don't like Tom, and neither do I.）

  你不喜歡湯姆。我也不。

二、專談九年級學的「so」、「neither」附和句

◆ 肯定附和句（譬如：我也是）用「so」帶頭，「so」譯成「亦復如此」或「也」。否定附和句（譬如：我也不）用「neither」帶頭，「neither」譯成「也不」。換句話說，附和句的「頭」是「so」或「neither」。

◆ 附和句的主詞要移到後面，如同倒裝句的樣子。換句話說，附和句的「頭」是「So」或「Neither」，「尾」是主詞。要注意，大部分附和句的主詞和前句的主詞並不相同。

◆ 剩下附和句的「中央」則是要放動詞或助動詞，放時要注意幾點：

1. 附和句的動詞或助動詞一定要是肯定，沒有「not」。因為就算是否定附和句（也不），否定的意思也已由「neither（也不）」表達了。

2. 附和句的動詞或助動詞，要和前句的動詞或助動詞同一系統（譬如：前句是be動詞，附和句也要是be動詞），而且時態相同（譬如：前句是現在簡單式，附和句也要是現在簡單式）。

三、附和句的句型分析

- You <u>are</u> not a teacher, and neither <u>am</u> I.
  你不是一位老師，我也不。（本句是同一人講的話）

  說明 本句的「我也不」是否定附和句，用「neither（也不）」帶頭。附和句的動詞要和前句動詞相同系列，前句使用be動詞現在簡單式「are」，附和句也使用be動詞現在簡單式。附和句的主詞是「I（我）」，所以附和句的be動詞要用「am」。本句是同一個說話者說的，自己講了一句，再自己附和一句，原本應該是二句話，因為是同一人講的，所以用連接詞「and」連起來，變成一句話。

- Studying is important, and so is taking up a hobby.

  讀書是重要的，而培養嗜好也是。（本句是同一人講的話）

  (說明) 本句的「而培養嗜好也是」是肯定附和句，用「so」帶頭，句中二個主詞「studying」和「taking up a hobby」都是動名詞（片語），附和句的動詞要和前句動詞相同系列，前句使用be動詞現在簡單式「is」，附和句也要用be動詞現在簡單式。附和句的主詞是動名詞片語「taking up a hobby」，是三單，所以附和句的be動詞用「is」。本句是同一個說話者說的，自己講了一句，再自己附和一句，原本應該是二句話，因為是同一人講的，所以用連接詞「and」連起來，變成一句話。

- I like the dog. So do I.

  我喜歡這狗。我也是。（本句是二個人的對話）

  (說明) 本句的「我也是」是肯定附和句，用「so」帶頭。前句動詞「like」是現在簡單式，附和句的動詞要和前句動詞相同系列，但因為附和句是簡答，所以用助動詞do系列的現在簡單式（「do」、「does」）代替。附和句的主詞是「I（我）」，所以附和句的動詞要用「do」。

※請注意，以上是二個人的對話，一人講話，另一人附和，所以它們並沒有用連接詞「and」連成一句話。假如我們把這二句連接成一句話：「I like the dog, and so do I.（我喜歡那狗，而我也是）」則意思是不通的。換句話說，本例句是在提醒我們，英文要活讀、不要死板，以上二句是不能合成一句的。

四、前句和後面附和句的搭配表

※「neither」可用「nor」代替。

	前句的動詞（助動詞）系統	附和句帶頭	附和句動詞（助動詞）系統
（一）	前句動詞若是be動詞（am、are、is、was、were） • You are a student. 你是一位學生。	肯定附和句用「so」帶頭，否定附和句用「neither」帶頭	附和句簡答也用be動詞（am、are、is、was、were）之一，動詞時空要和前句時空相同，再依附和句的主詞決定使用哪一個be動詞。 • So am I. 我也是。
（二）	前句動詞是一般動詞 ※前句若有助動詞「have to、has to、had to（必須）」，視同一般動詞看待 • I have to go. 我必須走。	肯定附和句用「so」帶頭，否定附和句用「neither」帶頭	因為附和句是簡答，所以一般動詞都用助動詞do系列（do、does、did）代替，動詞時空要和前句時空相同，再依附和句的主詞決定使用「do」、「does」或「did」。 • So does he. 他也是。

（三）	前句若有助動詞（以「can」為例）	肯定附和句用「so」帶頭，否定附和句用「neither」帶頭	附和句也要有和前句相同的助動詞（如例，前句有「can」則附和句也有「can」），不必管附和句的主詞，因為不論第幾人稱助動詞都相同。
	• Tom cannot swim. 湯姆不會游泳。		• Neither can Mary. 瑪莉也不會。
（四）	前句若是完成式（have p.p.、has p.p.、had p.p.）	肯定附和句用「so」帶頭，否定附和句用「neither」帶頭	因為附和句是簡答，所以只用完成式中的have系列（have、has、had）之一，動詞時空要和前句時空相同，再依附和句的主詞決定使用「have」、「has」或「had」。
	• Tom has seen that. 湯姆已看過那。		• So have I. 我也看過。

現學現考・常讀常考

◆ 考前要先複習並在每頁左上角或右上角簽上日期記錄。

◆ 請以口測優先，多做口測，再筆測。測驗日期、測驗結果考官都要記錄。

◆ 不論口測、筆測、自測、師測或家長測，一定要測到熟透方可。

◆ 答案區在教材中，以習題解答（一）、習題解答（二）……等標示。

（一）什麼叫做附和句？附和句的說話口氣是什麼？

（二）請用七年級學的附和句表達方式（句尾加「too」或「either」），將下列英文譯成中文。

1. You are a student. I am a student, too.

2. You are not a teacher. I am not a teacher, either.

3. You like Tom. I do, too.

4. You don't like Tom. I don't, either.

（三）請用九年級學的附和句表達方式（「so（亦復如此）」和「neither（也不）」放句首，主詞放句尾），將下列英文譯成中文。

1. You are a student. So am I.

2. You are not a student. Neither am I.

3. You like Tom. So do I.

4. You don't like Tom. Neither do I.

一、倒裝句的意義

◆ 倒裝句是一種特殊的英語句型，它的特色是把句子中某些字詞、字群或片語的位置「前後倒置」，所以取名為「倒裝句」。倒裝句雖然「倒裝」，但是句子的意思並沒有改變。不過它所造成的變動，卻帶給句子一種新鮮感。這應該是「倒裝句」會出現的原因之一，也是英語奧妙之處。

二、倒裝句的常見樣子

（一）地點副詞「here（〔在〕這裡）」、「there（〔在〕那裡）」的倒裝句　習題解答（一）

◆ 主詞是一般名詞時，「主詞」和「地點副詞」互相倒置。（例句中畫底線的字會變動位置）

- The teacher is here.
  那　老師　是在這裡

  倒裝 ⇒ Here is the teacher.

  　　　這裡 是 那　老師　＝（那）老師在這裡。

  說明 主詞「the teacher」和副詞「here」互相倒置，be動詞「is」不動。

- The teacher comes here.
  那　老師　　來　　這裡

  倒裝 ⇒ Here comes the teacher.

  　　　這裡　來　那　老師　＝（那）老師來這裡（了）。

  說明 主詞「the teacher」和副詞「here」互相倒置，一般動詞「comes」不動。

◈ 主詞是代名詞時，只倒置「地點副詞」到句首，主詞代名詞則不動。
（例句中畫底線的字會變動位置）

- He is there.

    他 是 在那裡

    倒裝 ⇒ There he is.

        在那裡 他 是 ＝他在那裡（呢）。

    說明 只倒置副詞「here」到句首，主詞代名詞「he」和be動詞「is」不動。

- They come here.

    他們　來　這裡

    倒裝 ⇒ Here they come.

        這裡 他們　來　＝他們來這裡（了）。

    說明 只倒置副詞「here」到句首，主詞代名詞「they」和一般動詞「come」不動。

◈ 有些「here」的倒裝句很實用於日常生活。習題解答（二）

- Here I am.　　　我在這裡。
- Here we are.　　我們到了。
- Here we go.　　我們開始吧。
- Here you are.　你在這裡啊。

    這兒是你要的東西（這兒是你的東西）。

    這兒是你的找零。

- Here you go.　你答對了。

    你要的東西（你的東西）在這裡。

（二）介詞片語（介片）的倒裝句

◈ 主詞是一般名詞時，「主詞」和「介片」互相倒置。（例句中畫底線的字會變動位置）

- Two books are on the desk.

  二本書　　是　　在書桌上

  倒裝 ⇒ On the desk are two books.

  　　　　在書桌上　　是　　二本書　＝二本書在書桌上。

  說明 主詞「two books」和介片「on the desk」互相倒置，be動詞「are」不動。

- The teacher sits behind me.

  那　老師　坐　在我後面

  倒裝 ⇒ Behind me sits the teacher.

  　　　　在我後面　坐　那　老師　＝那老師坐我後面。

  說明 主詞「the teacher」和介片「behind me」互相倒置，一般動詞「sits」不動。

◈ 主詞是代名詞時，只倒置「介片」到句首，主詞代名詞則不動。（例句中畫底線的字會變動位置）

- They study English in the classroom.

  他們　讀　英語　　在教室裡

  倒裝 ⇒ In the classroom they study English.

  　　　　在教室裡　　他們　讀　英語　＝他們在教室裡讀英語。

  說明 只倒置介片「in the classroom」到句首，主詞代名詞「they」和動詞受詞「study English」不動。

現學現考・常讀常考

◆ 考前要先複習並在每頁左上角或右上角簽上日期記錄。

◆ 請以口測優先，多做口測，再筆測。測驗日期、測驗結果考官都要記錄。

◆ 不論口測、筆測、自測、師測或家長測，一定要測到熟透方可。

◆ 答案區在教材中，以習題解答（一）、習題解答（二）……等標示。

（一）請用一般肯定句以及倒裝句說（或寫）出下列句子的英文。

1. 老師在這裡。	2. 老師來這裡了。
3. 他在那裡。	4. 他們來這裡了。

（二）請說（或寫）出下列句子的英文。

1. 我在這裡。

2. 我們到了。

3. 我們開始吧。

4. 你在這裡啊。

　這兒是你要的東西（這兒是你的東西）。

　這兒是你的找零。

5. 你答對了。

　你要的東西（你的東西）在這裡。

國家圖書館出版品預行編目資料

基礎英語文法速成 / 王忠義著 --初版-- 臺北市：瑞蘭國際，
2014.11

368面；17 x 23公分 --（繽紛外語；39）

ISBN：978-986-5953-97-3（平裝）

1.英語教學 2.語法 3.中等教育

524.38   103018376

繽紛外語系列 39

基礎英語文法速成

作者｜王忠義・責任編輯｜紀珊、王愿琦、王彥萍・校對｜王忠義、紀珊、王愿琦

封面設計｜余佳憓・內文排版｜陳如琪・封面插畫｜張君瑋・印務｜王彥萍

董事長｜張暖彗・社長兼總編輯｜王愿琦
主編｜王彥萍・主編｜葉仲芸・編輯｜潘治婷・編輯｜紀珊・設計部主任｜余佳憓
業務部副理｜楊米琪・業務部專員｜林湲洵・業務部助理｜張毓庭

出版社｜瑞蘭國際有限公司・地址｜台北市大安區安和路一段104號7樓之1
電話｜(02)2700-4625・傳真｜(02)2700-4622・訂購專線｜(02)2700-4625
劃撥帳號｜19914152 瑞蘭國際有限公司

總經銷｜聯合發行股份有限公司・電話｜(02)2917-8022、2917-8042
傳真｜(02)2915-6275、2915-7212・印刷｜宗祐印刷有限公司
出版日期｜2014年11月初版1刷・定價｜350元・ISBN｜978-986-5953-97-3